"十四五"时期国家重点出版物出版专项规划项目

杰出人物的青少年时代 [文库]

齐白石

奇洁——著

中国青年出版社

齊白石

齐白石
Qi Bai Shi
1864年1月1日 — 1957年9月16日

出生于湖南湘潭，原名齐纯芝，后由恩师胡沁园改名璜，字濒生，号白石山人，是20世纪中国集传统艺术——诗、书、画、印——之大成的艺术家。

少年时代的齐白石，如中国千千万万普通农家孩子一样，经历着贫寒、疾苦以及19世纪后半叶的巨大社会动荡。虽然被祖父母、父母亲百般呵护，仍然不能改变只上了8个月私塾便辍学的命运，之后只能像其他农家孩子一样去砍柴、放牛、干农活儿。即便如此，齐白石在务农间隙仍旧不忘读书、画画。贫苦但幸福的童年滋养着齐白石的一生。

青年时代的齐白石，为了谋生，在乡间做过木工学徒、雕花木匠。在雇主家见到的《芥子园画谱》成了他的绘画启蒙老师，在此基础上，绘画爱好逐渐演变为鲜明的艺术天分。27岁时，齐白石拜胡沁园和陈少蕃为师，学习绘画和诗文，加入龙山诗社，渐渐摆脱工匠身份，开启了以篆刻和绘画谋生的人生新境界。之后拜入王闿运门下，湖南师友圈不断扩大提升。在五出五归的路上，齐白石留下了大量日记、诗文、手稿、绘画，从此坚定了以画谋生的奋斗方向。幸运与勤奋伴随着齐白石成长。

晚年齐白石定居北京，完成衰年变法，独特的红花墨叶艺术语言为时人眼前一亮，他的艺术作品不仅在中国大江南北广为人识，还走向国际，最终成为"海国都知老画家"。1953年，文化部授予齐白石"人民艺术家"称号。历史的偶然和必然在齐白石身上不断发酵，他以勤奋刻苦、积极努力的生存态度走出了历史的选择，走进了历史的记忆。

*
齐白石
郎静山摄于 1946 年

目录

001 / 第一章　湖南崛起

009 / 第二章　小名阿芝

017 / 第三章　杏子坞星斗塘

025 / 第四章　童年

035 / 第五章　枫林亭

053 / 第六章　失学儿童

069 / 第七章　鲁班门下

079 / 第八章　《芥子园画谱》的力量

101 / 第九章　从雕花到画像

119 / 第十章　廿七年华始有师

149 / 第十一章　乡土文艺青年

173 / 第十二章　湘绮门墙白发新

235 / 第十三章　最喜闲游是少年

271 / 第十四章　寻找齐白石

我本湖南人,唱作湖南歌。
湖南少年好身手,时危却奈湖南何?
湖南自古称山国,连山积翠何重叠。
五岭横云一片青,衡山积雪终年白。

——杨度《湖南少年歌》

第一章

湖南崛起

清同治二年十一月二十二日（公历1864年1月1日），齐白石出生在湖南湘潭的一户普通农家。这个距长沙直线距离仅51公里的城市，与清末众多地区一样，一直经受着贫穷和苦难，然而整个湖南正悄然发生着巨大变化。

齐白石出生的这一年，紫禁城里8岁的同治帝已经即位两年了，子少母壮，慈禧当政。当时欧洲多国已先后完成统一，开始大建设。这一年，斐迪南大公、顾拜旦出生，世界上第一条地铁在伦敦运行，英国科学家赫胥黎发表了《人类在自然界中的位置》，中国所面对的世界已大不一样，而中国的境遇则更加困难。这一年，沙皇俄国在中国的西北边疆不断滋扰。中国大地上太平天国运动轰轰烈烈，太平军正在与清军以及外国势力进行殊死战斗，太平军将领石达开兵败大渡河后被害。

这一年发生的事是19世纪中叶世界发展变化的一个缩影，整个湖南正悄然发生着变化，暗流涌动的19世纪中叶，历史正戏剧化地安排着湖南和湖南人的崛起。

老年齐白石在口述自传中曾言，其祖上三代务农，是再普通不过的中国农民，这也是湖南乃至中国最常见的生存状态。历史上的湖南籍官员官职都较低，湖南人的官场影响力可谓微乎其微。但是，这种局面自鸦片战争之后开始发生翻天覆地的变化，可以说湖南人与近现代中国发展产生了巨大关联，湖南人才呈井喷式涌向中国的各行各业，湖南人的影响力与中国现代化进程产生了非同一般的关联，湖南人的身影开始不断出现在中国历史发展的重要节点上。

湖南以及湖南人崛起的契机要从曾国藩说起。

1852年隆冬，湖南湘乡人曾国藩的母亲辞世了，但曾国藩却收到帮办团练攻打太平天国的命令，此时只能无奈放弃守孝三年的礼法约束，组织乡团，拉起湘军，在毫无带兵打仗经验的情况下迎击太平军。此时期与曾国藩同样成为中国近现代史上杰出将领的还有另一位湖南人左宗棠。零零散散的民兵在曾国藩的组织下形成了具有强烈效忠心态的湘军，最终在李鸿章、左宗棠等人的协同作战支持下，攻下太平天国都城天京（南京），那是1864年7月，此时的齐白石尚在襁褓中。

随着湘军平乱进程的推进，一股湖南人自身孕育萌生的精神凝聚力也同期形成。1842年，一部名为《船山遗书》的著作被刊印，其中收录了明末湖南衡阳名士王夫之的著作18部，在此基础上，通过欧阳兆熊、郭嵩焘、曾国藩、曾国荃等湖南人的通力合作，1864年，新版《船山遗书》诞生。重刊《船山遗书》念头萌生之时，也正是湘军平定太平军战事正酣之刻，曾国藩的日记记载，1862年12月他每晚都会读几页王夫之的《读通鉴论》，这也正说明了王夫之及其论著在当时湘军军官知识阶层中的重要影响。此后，湖南人曾国藩与左宗棠均投身于洋务救国的行列，而早年因倡导洋务备受质疑的郭嵩焘此时却回到湖南家乡，建造"船山祠"，一举成为号召湖南人奋起的寄托。王夫之是湖南人，王夫之的思想便成为19世纪湖南人崛起的精神内核，船山祠和船山先生都成为湖南人共同围绕的中心。1878年，在兵部尚书湖南人彭玉麟的支持下，清末最著名的书院"船山书院"诞生，此后船山书院培养了中国近现代史上各行各业的佼佼者,一时间湖南耆老名家、教育界前辈、政界俊杰皆出自船山书院,甚至船山书院的毕业生还跨出湖南界前往山东、江西、四川等地从事教育事业,随之遍布的还有湖南人的精神内核——"船山学说",这更加扩大了湖南人的影响。清末经学大师王闿运受聘主持船山书院,弟子遍布天下,杨度[①]便是其中的一员。而王闿运[②]亦是齐白石一生中重要的老师之一,杨度也与齐白石过从甚密。

此后,湖南人崛起。

杨度曾有一首长篇诗歌《湖南少年歌》,慷慨激昂:

> 我本湖南人,唱作湖南歌。
> 湖南少年好身手,时危却奈湖南何?
> 湖南自古称山国,连山积翠何重叠。
> 五岭横云一片青,衡山积雪终年白。
> ……
> 心性徒开道学门,空谈未救金元辱。
> 唯有船山一片心,哀号匍匐向空林。

[①] 杨度(1875—1932年),原名承瓒,字皙子,湖南湘潭人。清末参与立宪运动,曾留学日本,晚清经学大师王闿运门生。

[②] 王闿运(1833—1916年),晚清经学家、文学家。字壬秋,又字壬父,号湘绮。咸丰二年举人,曾任肃顺府家庭教师,后入曾国藩幕府。1880年入川,主持成都的尊经书院。后主讲于长沙的思贤讲舍、衡州船山书院、南昌高等学堂。授翰林院检讨,加侍读衔。辛亥革命后任清史馆馆长。有诗集、文集、日记传世。王闿运一生门生众多,齐白石曾拜入王闿运门下,成为湖南地区的一桩美谈,齐白石的王门师友成为此后齐白石成长的臂膀。

> 林中痛哭悲遗族，林外杀人闻血腥。
> 留兹万古伤心事，说与湖南子弟听。
> 于今世界翻前案，湘军将相遭诃讪。
> 谓彼当年起义师，不助同胞助胡满。
> ……
> 中国如今是希腊，湖南当作斯巴达，
> 中国将为德意志，湖南当作普鲁士。
> ……
> 唯恃同胞赤血鲜，染将十丈龙旗色。
> 凭兹百战英雄气，先救湖南后中国。
> 破釜沉舟期一战，求生死地成孤掷。
> 诸君尽作国民兵，小子当为旗下卒。[1]

船山书院创办的那一年，仍旧衣食不足、果腹艰难的齐白石15岁，牧牛砍柴间歇读读书，在乡间学学艺，即将走街串巷转身成为乡里口中的"芝木匠"。而他不知道，此时的王夫之论著和湖南巨变，将成为他作为"中国长沙湘潭人也"（图1-1）的巨大成长背景，强大的湖湘文化圈也将为他走出湖南、北漂京城、成为"海国都知老画家"而保驾护航。齐白石人生中最重要的五出五归，都是在湖湘文化圈营造出来的团结意识中完成的。他将头顶湖南人的光环一路披荆斩棘，最终成为中国20世纪上半叶最知名的艺术家之一。

---

[1] 杨度：《杨度集》，湖南人民出版社，1986年。

*

图 1-1　齐白石　中国长沙湘潭人也　白文　5.7cm×5.7cm×1.1cm
北京画院藏

另一个层面，湖南是一个传统观念根深蒂固的地方。明末开始，中国出现了大量来自欧洲的传教士，他们走街串巷，从大城市走向乡间，建造教堂传播基督教，利玛窦以及此后的金尼阁在传播宗教的同时，也成为沟通东西方之间文化的使者。但是，直至19世纪，在传教士和对中国感兴趣的外国人眼中，湖南仍旧是个难以进入的地方，他们将其称为"封闭的省份"，在洋人的眼中湖南与西藏、北京一样，是"现今世上少数让外国人不敢进入的地方"[①]。1879年，出使英国归来的郭嵩焘，在船舶停靠长沙时，竟然被阻止下船登岸。另外，当时坊间传言郭嵩焘已经暗自组织传教士等洋人进

---

① ［美］裴士锋著，黄中宪译：《湖南人与现代中国》，社会科学文献出版社，2015年，第35页。

入湖南，学生们在士绅的怂恿下，竟然烧毁了郭嵩焘的房屋。可见，湖南当地拒绝洋人态度何等坚决。20世纪初，耶鲁海外传教会①选定湖南为据点，就是决心不远万里来中国啃这块几百年来外国人都啃不动也不敢啃的硬骨头。此时，湖南的排外风气仍旧盛行，长沙更是传播暴力反基督教小册子的中心。②湖南人就这么坚持着自己的这份执念，传统和固执让他们在19世纪后半叶仍旧保守，在固守传统的庞大队伍里不见得有齐白石的身影，但是齐白石呼吸着这份湖南独有的倔强空气。

尽管固守传统，外来文化与原有状态的湖南文化还是从开始的撕扯、抵触，最终达到共存与包容；19世纪后半叶威震全国的湘勇，结束战斗返回乡里，在同乡眼里虽然是为祸一方的祸患，但是在整个湖南乃至中国，湖南人霸悍与坚韧的声名得以远播；湖南人曾国藩、左宗棠在此期间为国人在战争、实业救国等方面作出的努力，更是湖南人整体崛起的象征；同时，在文化方面，船山祠和船山书院储备了大量湖南学子，此后，湖南精英遍布全国各行各业。1864年齐白石出生，可以说他是湖南快速崛起与大发展的并行者，在时代的推进下和自身不断的努力中，齐白石用自己的人生演绎了一部精彩的时代大戏。

---

① 19世纪末，一些耶鲁毕业生作为传教士来到中国传播基督教。1901年"耶鲁海外传教会"成立，创始人选址中国，用以纪念一名在1900年义和团运动中丧生的1892级校友 Horace Tracy Pitkin。
② ［美］史景迁著，温洽溢译：《改变中国：在中国的西方顾问》，广西师范大学出版社，2014年，第182页。

我亦儿时怜爱来,题诗术德愧无才。
雪风辜负先人意,柴火炉钳夜画灰。

——齐白石《白石诗草》

第二章

小名阿芝

据《白石老人自传》载，齐白石出生于清同治二年（癸亥年）十一月二十二日（公历1864年1月1日），派名纯芝，也就是按照中国古代传统的取名方式，本姓齐，这一辈人的派字为"纯"字，于是齐白石本名"齐纯芝"。家里的祖父、祖母、父亲、母亲都亲昵地唤他"阿芝"。齐白石本号"渭清"，祖父给他取的号叫作"兰亭"。在大众认识齐白石的过程中，"齐渭清"和"齐兰亭"这两个名字，从未出现在我们的视野中，甚至连同"齐纯芝"都很陌生。后来我们常常在齐白石作品上看到齐璜的"璜"字，就是近现代与齐白石有所交往的人所记述的或称呼的"齐璜"，是齐白石的绘画恩师胡沁园和诗文老师陈少蕃给他取的，"璜"在《说文》中是半璧形的玉。胡沁园作为湘潭地区的乡绅"寿三爷"，对于齐白石的人生可谓有再造之功。结识胡沁园，得名齐璜时，已是1889年，此时的齐白石已经27岁了。除齐璜外，胡沁园还给齐白石取了个号叫作"濒生"，这也是齐白石日后作画多留的题款。因齐白石的家与白石铺很近，又取别号"白石山人"，这个以备题画用的别号，后来成为全世界认识这位中国艺术家的名字。齐白石最重要的老师王闿运在其《湘绮楼日记》中记述与齐白石的过往时，便将其称作"齐璜"或"齐木匠"，很显然"齐璜"是齐白石小有乡名时为人所知的"官称"，而"齐木匠"则是齐白石久为人识的乡间身份。

一个"芝"字，齐白石最爱它。齐白石艺名广播时，自诩"诗第一、印第二、字第三、画第四"。齐白石刻印之名比画画之名要早得多，他的画还不能卖上价钱换米的时候，就已经有人来找他求印了。齐白石因为刻印多，便自称"三百石印富翁"（图 2-1）。保存在北京画院的齐白石三百石印中，包含"芝"字的（图 2-2）便至少有 6 枚，在后来众多的画作上都出现了这些"芝"字印章。每每刻印或用印之时，齐白石便会想起童年时祖父、祖母叫他"阿芝"的温暖场景。齐白石在祖父万秉公温暖的怀抱里，认的第一个字就是"芝"字，万秉公抱着四岁的阿芝，蹲在炉边烤火，拿着通炉子的铁钳

图 2-1　齐白石　三百石印富翁　朱文　3.8cm×3.7cm×1.3cm　1919 年
北京画院藏

图 2-2　齐白石　小名阿芝　朱文　2cm×2cm×5.4cm
北京画院藏

子，在松柴灰堆上，比画着写了个"芝"字，还告诉齐白石："这是你阿芝的芝字，你记准了笔画，别把它忘了！"在齐白石的记忆中，祖父万秉公也就认得三百来个字，其中可能还有半认得半不认得的，但这个"芝"字却是齐白石回忆与祖父在一起的温馨时刻的重要寄托。

当湘潭万秉公的长孙开始以画谋生的时候，齐纯芝、阿芝这样极具乡土气息的名字，渐渐淡出了齐白石的人生，名"齐璜"，号"濒生"，大多数人称其为齐白石。齐白石自己曾说："离我们家不到一里地，有个驿站，名叫白石铺，我的老师给我取一个白石山人的别号，人家叫起我来，却把山人两字略去，光叫我齐白石，我就自己也叫齐白石了。[1]"对自己的名字，齐白石还说道："我在中年以后，人家只知道我叫齐璜，号叫白石，连外国人都这样称呼，别的名号，倒并不十分被人注意，尤其齐纯芝这个名字，除了家乡上岁数的老一辈亲友，也许提起了还记得是我，别的人却很少知道的了。[2]"随着年龄和画名不断增长，齐白石在画作的题款多用到白石、白石山翁、白石翁、白石老人、白石草衣、白石山民等，这些都成为齐白石的常用自称。其中"草衣"二字格外显眼，在齐白石遗物中，有一方青田石白文"白石草衣"的自用印章。草衣字面意思是草编的衣裳，引申为粗劣的衣服，齐白石终其一生都不能忘记

---

[1] 齐白石口述，张次溪笔录：《白石老人自传》，人民美术出版社，1962年，第6页。
[2] 同上。

自己的出身，作为湘潭农家的长子长孙，糊口果腹的绘画技艺再精湛，也不能过分沾沾自喜。齐白石曾在自作诗文中提到：

经营身世合长嗟，旧友相逢强自夸。
夜读百篇惭造士，春耕三亩亦农家。①

日后恩师经学大家王闿运给齐白石书写的《白石草衣金石刻画》序言，也直指王闿运心目中对齐白石的身份认识。齐白石一生对自己的身份定位都是极为贴切的，在拥有远大理想不断造梦的人眼中，齐白石是故步自封的守旧派，他雕花、刻印、画画，逃离家乡、五出五归、北漂京城，所有的一切都是为了糊口，为了过上衣食无忧的生活，在当下看来这是最基本最简单的生存诉求，齐白石却为之奋斗了一生。齐白石晚年曾经绘制了一幅自画像，名为《白石草衣像》（图2-3），现藏辽宁省博物馆，画面上的人物垂首低眉，上着蓑衣下着短裤和草鞋，但是人物却身背书册，怀抱古琴，草衣齐白石在《白石草衣像》这幅画作上实现了身份与理想、现实与期许的双重叠加。从未有记载显示齐白石能够弹奏古琴，但是古琴成了齐白石自画像中与草衣、书册同等重要的人像道具，老年齐白石的心境便不言而喻。

---

① 北京画院编：《人生若寄——北京画院藏齐白石手稿（诗稿·上）》，广西美术出版社，2013年，第67—68页。

*
图2-3 齐白石 白石草衣像 纸本设色
128cm×33.5cm
辽宁省博物馆藏

本分的生存欲念让齐白石放弃过很多，五出五归的路上齐白石认识了一位名叫樊樊山[①]的晚清名士，他曾有意举荐齐白石做慈禧太后的绘画代笔，这一别人眼中的肥差和高枝，被齐白石婉拒。一大家子吃饱穿暖，老婆孩子热炕头才是齐白石头脑中坚守的生活真谛，湖南湘潭老农岂能为人捉刀，即便是慈禧也不可以，这岂是常年在陕西为官的湖北人樊樊山能懂的道理。齐白石还曾刻过一枚印章，寿山石朱文"星塘白屋不出公卿"（图2-4），也表明了齐白石绝无仕途之心的生存理念，并告诫后世子孙也要心存此念。

*

图2-4 齐白石　星塘白屋不出公卿　朱文　3.9cm×3.9cm×4cm
北京画院藏

---

① 樊樊山（1846—1931年），樊增祥，湖北恩施人，晚清官员、文学家。原名樊嘉，又名樊增，字嘉父，别字樊山，号云门，晚号天琴老人。光绪进士，历任渭南知县、陕西布政使、署理两江总督。樊樊山晚年与齐白石交集颇多。

来时歧路遍天涯,独到星塘认是家。
我亦君年无累及,群儿欢跳打柴叉。

——齐白石《白石诗草》

第三章

杏子坞星斗塘

如今，你若去湖南，有个名为"白石景区"的地方，大概率是导游要为你推荐的。"白石景区"就是以齐白石故居为依托的一处风景优美之所在。景区处于南岳七十二峰之一的莲花峰下，齐白石有印章"绕屋衡峰七十二"（图3-1）便是对这一地理地貌的概述。"白石景区"距湘潭县城35公里，与衡阳相距60公里。齐白石自述中的湖南湘潭杏子坞星斗塘，现在是湖南省湘潭市湘潭县白石乡杏花村星斗塘，距离107国道仅1公里，距离长沙市区90公里。

图3-1　齐白石　绕屋衡峰七十二　朱文　2.9cm×2.9cm×4.8cm
北京画院藏

齐白石就出生在星斗塘的齐家老宅中。老宅建于清代中晚期，是较完整的单体四合院。如今故居几经后人修缮，坐北朝南，现在看到的大门并非原有，倒座房两间。院内南、北、东、西各有三间房屋，都是硬山顶合瓦过垄脊屋面，前出廊子。房子之间由转角廊相连。北房带东西耳房各三间，南房西接顺山倒座房三间。各房墀头处均有精美的砖雕图案，各廊间的走马板处有书法篆刻砖雕。看起来体面的故居，在齐白石生活的时代仅仅是勉强够一家五口居住的房屋而已。至于周边的风景，老年齐白石曾说，是高祖添镒公从晓霞峰的百步营搬到了杏子坞的星斗塘，杏子坞被当地村民叫作杏子树，又名殿子树，星斗塘在杏子坞的东头，紫云山脚下，因早年有块陨星掉在塘内，所以得名星斗塘。紫云山在湘潭县城南面，离城有一百来里地，风景好得很。[①]齐白石有一枚印章"吾家衡岳山下"（图3-2），衡岳山脉晓霞峰西麓诞生了中国近代史上著名的"黎氏八骏"[②]，而齐白石则出生在晓霞山东麓的星斗塘（图3-3）。

*

图3-2　齐白石　吾家衡岳山下　朱文　3.5cm×3.5cm×7.4cm
北京画院藏

---

① 齐白石口述，张次溪笔录.《白石老人自传》，人民美术出版社，1962年，第2页。
② 19世纪末20世纪初，在湖南省湘潭县中路铺镇南岳衡山支脉晓霞山石潭坝乡菱角村，诞生了为我国文化、科学事业作出过重要贡献的黎氏八兄弟，人称"黎氏八骏"，指黎锦熙、黎锦晖、黎锦曜、黎锦纾、黎锦炯、黎锦明、黎锦光、黎锦扬。

019　第三章　杏子坞星斗塘

*

图 3-3　湖南湘潭杏子坞星斗塘齐白石旧居

　　齐白石是家中的长子长孙,虽出生在湖南湘潭杏子坞星斗塘贫苦农家,但是祖父母和父母亲对他疼爱有加。贫苦与艰难的生活境遇贯穿了齐白石的童年乃至青少年时代。湖南湘潭作为齐白石的家乡,他一生都不曾忘却,后来已经成名久居北京,心念"故乡无此好天恩"(图3-4)的齐白石曾经刻有一枚白文印章,印文便是"中国长沙湘潭人也"。齐白石也常常在自己的画作上留下"杏子坞老民"的题款和印章(图3-5)。

　　在齐白石的印象里,家乡风景很好。星斗塘是齐白石的出生地,据说得名于早年曾掉下过陨石。齐白石曾

图 3-4　齐白石　故乡无此好天恩　朱文　5cm×5cm×6.5cm　1930 年 北京画院藏

图 3-5　齐白石　杏子坞老民　白文　2.8cm×2.8cm×6.4cm　1934 年 北京画院藏

作诗回忆星斗塘的欢乐童年：

> 来时歧路遍天涯，独到星塘认是家。
> 我亦君年无累及，群儿欢跳打柴叉。①

---

① 齐白石口述，张次溪笔录：《白石老人自传》，人民美术出版社，1962 年，第 15 页。

齐白石在杏子坞星斗塘的老屋与祖父母以及父母共同生活了36年，直至1900年才与妻子陈春君以及两儿两女搬去梅公祠居住。齐白石的祖父名为齐万秉（1808—1874年），人称齐十爷，祖母姓马，人称齐十娘（1813—1901年），父亲齐以德（图3-6），母亲周氏（图3-7）。祖父和父亲常出门打零工，体弱多病的齐白石全凭母亲和祖母照料。

杏子坞星斗塘老屋装满了齐白石童年的记忆，也是他一生的温暖所在。在1922年的《壬戌纪事》中，身居北京的齐白石曾留下赈灾绘画题诗一首，叙述自己对星斗塘老屋和湘潭家乡的思念之情：

蹇驴晴系虎坊开，老懒欣为展览来。
一代精神属花草，凌王伶俐二陈乖。
吾家老屋杏子坞，三十三年长相处。
北上离亲首重回，余惭孤（辜）负杏花开。①

齐白石诗中的杏子坞老屋与杏花，都成了齐白石北上后深觉辜负的乡愁。

---

① 北京画院编：《人生若寄——北京画院藏齐白石手稿（日记·下）》，广西美术出版社，2013年，第353页。

图 3-6 齐白石父亲八十九岁遗像　　图 3-7 齐白石母亲八十三岁遗像

儿时牛背留,归去吹斜阳。
三里壕边路,藤花乱散香。

——齐白石《白石诗草》

第四章

童年

齐白石的祖母和母亲，都是中国传统妇女，符合一切关于中国传统妇女的描述，贤惠踏实、勤劳节俭、朴实真诚、吃苦耐劳、忍气吞声。齐白石的祖父万秉公性情刚直、心直口快，生气的时候，都是齐白石的祖母耐心劝解，乡里人都夸她贤惠。齐白石的母亲则更加勤劳，在家打理所有家务。母亲的吃苦耐劳、勤俭持家，让齐白石印象深刻。母亲在捡回来烧饭的稻草上收集没有打干净的谷粒，"一天可以得谷一合，一月三升，一年就三斗六升了，积了差不多的数目，就拿去换棉花①"，然后自己纺棉、绩麻、织布、染色、制衣，一家老小的衣服都出自齐白石母亲一双勤劳的巧手，嫁入齐家不到两年，衣服和布料就攒了满满一箱。她还饲养鸡鸭猪等，换钱补贴家用。有这样克勤克俭的母亲，自齐白石出生，一家五口三代同堂，家境虽然仍旧贫穷，却和和美美。北京画院藏齐白石画作中有一幅《钩临白描纺车图》（图4-1），是齐白石钩临宋代王居正《纺车图》（图4-2）的墨线稿本，画面中纺车前的少妇怀抱着一个婴儿，纺车对面手中持线的老妪衣衫破烂，这幅白描画稿中寄托了齐白石的童年回忆。

齐白石自出生便身体很弱，时常闹病，全凭母亲和祖母悉心照料。齐白石体弱多病，祖母和母亲寻医问药、求访方士、烧香磕头。求长孙长子平安长大，成了这个贫寒农家的头等大事。齐白石出生后，乡间大夫说

---

① 齐白石口述，张次溪笔录：《白石老人自传》，人民美术出版社，1962年，第5页。

＊
图 4-1　齐白石　钩临白描纺车图　纸本墨笔　39cm×54cm
　　北京画院藏

　　＊
图 4-2　北宋　王居正　纺车图　绢本设色　26.2cm×69cm
　　故宫博物院藏

他不能食荤腥，于是哺乳期的母亲便一点儿荤腥也不敢碰，逢年过节母亲看着家里打牙祭的鱼肉，也绝不沾唇。齐白石两三岁时是最多病的时候，祖母和母亲四处寻医问药，没钱买药便好言相求，赊药治病；为求佛祖菩萨各方神灵保佑齐白石，祖母和母亲在庙里烧香祈福，磕头以示急切和诚心；在家徒四壁的情况下，祖母和母亲还花钱请来乡间的巫师，装神弄鬼地一顿操作。逐渐地，齐白石的身体总算是慢慢好了起来，在此期间，祖母和母亲真可谓费尽心力。两三岁时齐白石体弱多病的状态，令全家人记忆犹新，以至几十年后身居北京的齐白石仍在感念这段被家人关爱的童年时光：

> 余昨夜枕上思之，忽忆吾祖母与父母长（尝）言，吾二岁时病欲死，热大且吐，吾见壁上挂有猪肉，知大呼要吃。吾祖父曰："此儿作船沉。"扒以肉进，吾竟精神顿爽，病渐愈。[①]

齐白石对祖母的感情极为深厚，记忆中的祖母害怕生病的齐白石独自在家闷得慌，便将齐白石背在背上，下地干活儿，形影不离地来回打转。齐白石自幼家境贫寒，加之身处云谲波诡的动荡年代，果腹尚且困难，因之祖母言有"三日风四日雨"，面对爱读书的齐白石，

---

① 北京画院编：《人生若寄——北京画院藏齐白石手稿（日记·下）》，广西美术出版社，2013年，第338页。

只能叹息"哪见文章锅里煮"。1923年,身在北京的齐白石为自己的居所题写了一幅横额,名为"甑屋"(图4-3)。并在跋文中书写了甑屋二字的由来:

> 余童子时喜写字,祖母尝太息曰:汝好学,惜生来时走错了人家。俗云:三日风四日雨,那(哪)见文章锅里煮。明朝无米,吾儿奈何?及廿余岁时,尝得作画钱买柴米,祖母笑曰:那(哪)知今日锅里煮吾儿之画也。忽忽余年今六十一矣,做客京华,卖画自给,常悬画于屋四壁,因名其屋曰:"甑屋",依然煮画以活余年。痛祖母不能呼吾儿同餐矣。
>
> 癸亥正月,白石。[1]

齐白石的祖母姓马,生于嘉庆十八年(1813年),在齐白石的记忆中,祖母温顺平和、能耐劳苦,这与大众对旧时传统中国农妇的固有印象完全相符。齐白石小时候,祖母常常背着他去田里干农活儿,省下吃食给齐白石吃,自己饿肚子。后来祖母听了算命瞎子的话,将一个小铜铃用红绳挂在齐白石脖子上,以保上山牧牛砍柴的齐白石每日能平安归来。祖母给齐白石拄上铜铃说:"日夕闻铃声渐近,知牧儿将归,倚门人方入厨晚炊。"后来齐白石曾刻有一枚印章,自称"佩铃人",

---

[1] 王明明主编:《北京画院藏齐白石全集》(书法篆刻卷),文化艺术出版社,2010年,第38页。

一则以记过往，再则以这枚印章寄托齐白石对祖母的思念。（图 4-4）在《白石诗草二集·篇七》中，齐白石专有一首诗回忆佩戴铜铃：

  桃花灼灼草青青，乐事如今忆佩铃。
  牛角挂书牛背睡，八哥不欲唤侬醒。①

---

① 北京画院编：《齐白石三百石印朱迹》，广西美术出版社，2012 年，第 202—203 页。

＊

图 4-3　齐白石　行书甑屋　纸本墨笔　31.5cm×129cm　1923 年
北京画院藏

＊

图 4-4　齐白石　佩铃人　白文　2.5cm×2.6cm×6.2cm
北京画院藏

　　1901 年 12 月 19 日，祖母马孺人去世，齐白石悲痛不已，心如刀割。十年后的 1911 年，齐白石向经学大儒王闿运求赐祖母墓志（图 4-5）。如今，在杏子坞星斗塘老屋后面，马孺人墓葬位于蓼叶园，里面立有王闿运撰写、齐白石刻石的墓志铭碑记，在近现代名人辈出的湖南湘潭，马孺人拥有王闿运亲笔撰写、齐白石亲手镌刻的墓碑，冲着这块墓碑，她也算得上一位湘潭名老太太了。也许没有人记得她本姓马，少有人知道他是齐万秉的妻子，但是大家看到这块墓碑，会知道这位已故农妇是齐白石敬爱的祖母，她的墓志铭出自湖南名士王闿运之手。

"甑屋"取齐白石以画养家之意，居京之后齐白石渐渐画名大增，逐渐成为"海国都知老画家"，但是齐白石仍旧不能忘却幼时祖母对他的关爱以及对他未来"哪见文章锅里煮"的现实生活的担忧。居京生活衣食自足并养活湖南与北京两系家人的画家齐白石，还会伤感于祖母早已"不能呼吾儿同餐矣"。

齐白石的父亲齐以德胆小怕事，窝囊少言，但母亲却刚毅果敢。齐白石六岁的时候，黄茅岭新到任一位巡检，就是花钱捐来的小地方官，用齐白石的话说，虽没有什么杀伤力，却能打人的屁股。一次，这位黄茅岭的巡检排场列开，鸣锣开道，在白石铺一带打圈转，乡里百姓男男女女去看热闹，隔壁邻居喊齐白石一起去，他不愿意，母亲夸赞齐白石："好孩子，有志气！黄茅堆子哪曾来过好样的官，去看他作甚！我们凭着一双手吃饭，官不官有什么了不起！"母亲这番话，在齐白石幼小的心灵里种下了一颗坚强的种子，所以齐白石自言："我一辈子不喜欢跟官场接近，母亲的话，我是永远记得的。"所以，齐白石遇到樊樊山时，婉拒了给慈禧当绘

图4-5　王闿运　齐璜祖母马孺人墓志铭　拓本　纸本　37cm×67cm
北京画院藏

画代笔的举荐好意；齐白石刻了一方"星塘白屋不出公卿"的印章，印在画作上。

母亲在齐白石的记忆中始终是个吃苦耐劳的中国传统女性。齐白石一共有兄弟六人，还有三个妹妹，成年后的齐白石家中有14口人，全凭母亲操持。侍奉公婆照料全家老小的传统妇女，在齐白石的心中是一位伟大的母亲，更是影响齐白石性情的重要人物。后来齐白石离开星斗塘老屋，成家独立生活、五出五归、卖画刻印养家、居京参与各种雅集，最终成为人民艺术家，一生都坚韧、有毅力、吃苦耐劳、勤奋，这都是母亲和祖母根植在齐白石骨子里的品质。

第四章　童年

当真苦事要儿为,日日愁人阿母催。
学得人间孩子步,去如茧足返如飞。

————齐白石《白石诗草》

第五章

枫林亭

到了同治五年（1866年）冬天，齐白石的病完全好了。祖母和母亲的心头大石落了地，祖父和父亲也长舒一口气，觉得轻松了很多。齐白石的祖父名为齐万秉（1808—1874年），人称齐十爷。在齐白石的印象里，祖父是个性情刚直的人。祖父曾给齐白石讲湘勇的故事。在湖南的阴寒冬日里，祖父用一件黑山羊皮袄将齐白石裹在怀里，说抱了孙子在怀里暖睡，是他生平第一乐事。祖父用铁钳子在草木灰上写字，在齐白石7岁前让他认识了自己一生中仅仅识得的三百来个字，第一个字便是齐纯芝的"芝"字。齐白石跟着祖父在地上用松树枝比画着写起字来，自己觉得也还挺像样。面对7岁的齐白石，祖父万秉公肚子里的知识已然抖得干干净净了，不过齐白石很幸运，还有个在枫林亭设蒙馆的外祖父周雨若。免交束脩的齐白石，家里勉强给他准备些纸笔，就能去上学了。

外祖父开设的蒙馆在枫林亭附近的王爷殿，在白石铺北边的山坳上，距离齐白石一家居住的杏子坞星斗塘老屋约有三里地。同治九年（1870年），过了正月十五灯节，8岁的齐白石开始上学了。每天早晨，万秉公送齐白石去上学，傍晚再接他回星斗塘。在齐白石的记忆中，枫林亭距离星斗塘约三里地的路程，行走起来并不容易，不曾见过柏油马路的齐白石，在雨季必定经受黄泥路的考验。黄泥很滑，一不小心就会摔倒。此时已经年逾六十的万秉公，总是右手撑着雨伞，左手提着饭箩，一步一拐，仔细看准了脚步，扶着齐白石走。有时候遇到比较深的泥塘，祖父就把齐白石背起来，手里拿着东西，低着头一直往前走。

此后，齐白石常常在笔墨之间绘就一种名为"送学图"的题材。北京画院藏有一幅《上学图》镜心（图5-1），另有一个《送学图》团扇（图5-2）。《上学图》里送学的中老年男子胡须眉宇间挂着淡淡的笑容，画面人物像极了齐白石的外祖父跟祖父夸赞齐白石时，祖父"翘起了花白胡子，张开着嘴，笑嘻嘻地乐了[①]"的情景，大人右手间搂着的上学娃娃抹着眼泪，手里还拽着一张纸，真是生动极了。不知道齐白石爱不爱上学，反正画上的娃娃一定不爱。而这家长像是齐白石的祖父万秉公，也像是老年的齐白石手里牵着他的长孙齐秉灵入京求学的样子。中国人就如万秉公与阿芝、齐白石与移孙一样，一代代手牵着手，承继着亲情，传递着文脉。

齐白石去学堂的束脩虽然免了，但是纸、笔、书、本总是要购买的，这些钱是齐白石的母亲攒了四斗稻谷，准备用来换一副银钗的钱。同治九年（1870年）正月十五，母亲为齐白石做了新的蓝布大褂，穿在黑布旧棉袄外面，就这样齐白石衣冠整齐地进了枫林亭外祖父周雨若的蒙馆，开启了一段幸福而短暂的上学生涯。齐白石跟随外祖父学习了《四言杂字》《三字经》《百家姓》，当齐白石读到《千家诗》时顿觉非常顺口，这成为齐白石入门诗文创作的门径，齐白石自言自己从此

[①] 齐白石口述，张次溪笔录：《白石老人自传》，人民美术出版社，1962年，第11页。

＊

图 5-1　齐白石　上学图　纸本设色　34.5cm×25cm
北京画院藏

图 5-2　齐白石　送学图　绢本设色　扇面直径 25cm
北京画院藏

成了个小诗迷。确实如此，齐白石一生作诗量极大，可能他自己也不知道到底作诗多少，仅其手书诗稿便有《寄园诗草》《借山吟馆诗草》《萍翁诗草》《老萍诗草》。戊辰年（1928年），石版影印的《借山吟馆诗草》手稿中便收录了齐白石于壬寅年（1902年）到甲寅年（1914年）十二年间的诗作，至1933年元宵节，张次溪为齐白石编辑的《白石诗草》印成，齐白石很是开心：

> 这次的《白石诗草》，是壬寅以前和甲寅以后做的，曾经樊樊山选定，又经王仲言重选，收的诗比较多。我题词说："诽誉百年谁晓得，黄泥堆上草萧萧。"我的诗，写我心里头想说的话，本不求工，更无意学唐学宋，骂我的人固然很多，夸我的人却也不少。从来毁誉是非，并时难下定论，等到我百年以后，评好评坏，也许有个公道，可是我在黄土垄中，已听不见、看不着的了。①

这段对于《白石诗草》的陈述和齐白石对自身诗文创作的态度，可以看出齐白石作为湖南人的倔强在持续发酵，他对自己的诗是有基本自信的，而且对于当时评价他诗文的毁誉两极都不在乎，所谓百年以后评好评坏他也无从知晓，所以他不在乎当下的评价，也不在乎后世的评价，他只在乎自己的骄傲与自信，正如他一生评价自己的

---

① 齐白石口述，张次溪笔录：《白石老人自传》，人民美术出版社，1962年，第86页。

艺术,"诗第一、印第二、字第三、画第四"。

1934年,齐白石在一幅行书诗文上印上一枚白文印章"穷后工诗"(图5-3),诗文中满是对家乡的思念,诗文与乡愁在齐白石的人生中不断擦出火花:

井泉浮底净无沙,檐角蜂窠闹似衙。
知得病随春暖起,自开窗户看梨花。

七千道路算漫漫,乱世巢居咬定难。
知汝能怜心最苦,半思南岳半西山。①

图5-3 齐白石 穷后工诗 白文 2.1cm×2.1cm×4.4cm
北京画院藏

齐白石在枫林亭学习期间开始用笔写字,书包里笔、墨、纸、砚文房四宝样样齐全,他跟枫林亭里的孩子们一样高兴。可文房四宝里充满了贫寒农家的辛酸,

---

① 王明明主编:《北京画院藏齐白石全集》(书法篆刻卷),文化艺术出版社,2010年,第78页。

祖父珍藏的一块断墨和一方裂了缝的砚台被郑重其事地交在齐白石手中，这两件宝贝祖父平日里是根本不会轻易拿出来的。祖父还预备将他的毛笔交给齐白石，无奈毛快要掉光了，只好给齐白石买了一支新笔，加上新买的描红纸，齐白石的文具算是齐全了。

说起描红纸，竟成了齐白石几次被喜爱他的外祖父恫吓要用戒尺打他的原因。齐白石自幼爱画画，在进入枫林亭外祖父的蒙学馆之前，五六岁的齐白石用松树枝在地上写字之余也画画。"有时画个人脸儿，圆圆的眼珠，胖胖的脸盘，很像隔壁的胖小子，加上了胡子，又像那个开小铺的掌柜了[①]。"自从有了新买来的描红纸，齐白石就开始肆无忌惮地画画。按照家乡的风俗，新产妇的门上都要张挂一幅雷公神像，人们相信它具有镇压妖魔鬼怪的效用。齐白石五岁时，母亲生下二弟纯松，齐白石就在自己家的门上见过这位雷公，此时拥有描红纸的齐白石在隔壁同学婶娘家的家门上又见到了他，齐白石萌生了画下雷公的巨大冲动，他拿出新笔、断墨和裂纹砚台，在新买的描红纸上画了起来。但是怎么画也画不像，在幼年齐白石稚嫩的笔下，被反复涂抹的雷公怪模怪样，竟成了一只鹦鹉似的怪鸟脸。此时的齐白石并没有气馁，而是搬来一只高脚木凳，蹬上去，企图用描红纸把雷公像描下来，但是描红纸太厚了，他又用同学包过东西的薄竹纸覆在上面，用笔勾出来，就这样成

[①] 齐白石口述，张次溪笔录：《白石老人自传》，人民美术出版社，1962年，第9页。

功了，齐白石信心大增，枫林亭的同学们夸赞他的同时，也有人要齐白石赠送他画的雷公像，莫大的绘画兴趣就此产生，并延续一生。在北京画院藏齐白石画作中，有一幅尺幅较大的《人物画稿》（图5-4），单线白描的神灵面带笑容又不失威严，手持笏板，下有两位童子，画面右上角有一段题跋：

> 少时粉本老犹存，如此工夫觉笑人。
> 不忍轻轻却抛弃，污朱犹是劫灰痕。
> 此稿乃余三十岁以前所借人之本影钩者。丁未，家山兵战，所污之朱乃劫灰也。经劫犹存未忍轻弃，遂题记之。
> 戊辰三月十三日，时居京师鬼门关外，白石山翁。①

"少时粉本老犹存"，是齐白石对作品的珍爱，看这幅《人物画稿》似可以想见七八岁的齐白石踩着高脚凳，在邻居家的门板上描摹雷公像的场景。

兴趣是最好的老师，同学们在蒙馆里互相宣传齐白石会画画的事，都来找齐白石画画，这时的齐白石应该自信极了，这大概也是齐白石跟同学们打成一片的一条门径。在枫林亭上学的齐白石把描红纸从写字本上撕下来，对半裁开，一发不可收地画了起来。最先画的是星

---

① 王明明主编：《北京画院藏齐白石全集》（人物卷），文化艺术出版社，2010年，第22页。

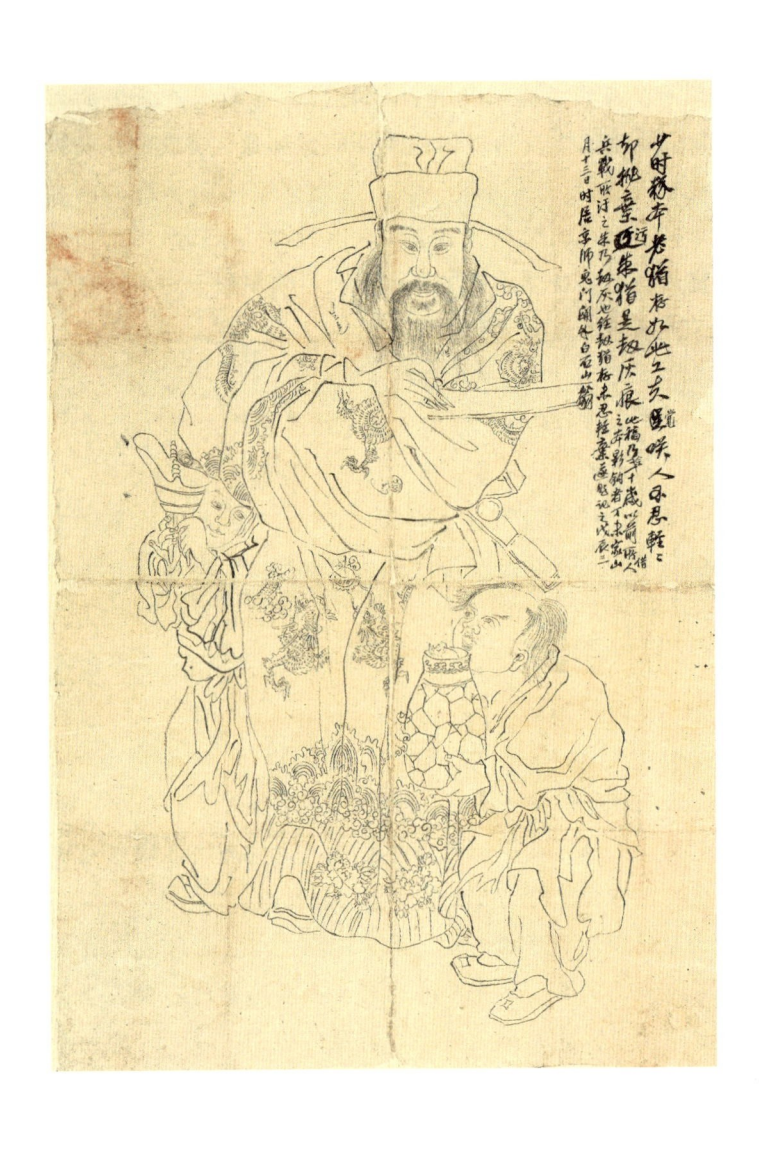

图 5-4 齐白石 人物画稿 纸本墨笔 110.5cm×77cm
北京画院藏

斗塘常见的一位钓鱼老头儿，画了很多遍，以至于能将他的面貌身形都画得很像。后来齐白石作品中也有渔翁像传世，北京画院藏《渔翁图》(图5-5)上的渔翁身披蓑衣，头戴斗笠，佝偻的身形和斗笠下不见面容只可见的一撇胡须，告诉我们这是位老者。他手里的小筐里有鱼吗？够打牙祭吗？他应该是星斗塘前钓鱼的那位吧？他也认识七八岁的阿芝吧？

接着，齐白石画画的题材越发增多，他不放过眼前的所有，都将它们放在描红纸上，花卉、草木、飞禽、走兽、虫鱼，尤其是牛、马、猪、羊、鸡、鸭、鱼、虾、螃蟹、青蛙、麻雀、喜鹊、蝴蝶、蜻蜓，这些在田间地头伴随齐白石长大的花鸟鱼虫，成了齐白石最爱画、画得最多的题材。这些内容的绘画齐白石画了一辈子，可以拿到厂肆去换钱，日后变成了齐白石的碗中米、桌上餐、遮风挡雨的房屋，更使得齐白石成了世界和平奖获得者，它们还随着齐白石艺术的爱好者在20世纪初叶去了日本和欧洲很多国家。齐白石画过的常见题材中有一类《稻草小鸡》(图5-6)，画面上的稻草高高扎成束，散在稻束旁的十只小鸡雏毛茸茸、胖乎乎、萌萌的，画面左侧竖书一行跋文：

余日来所画，皆少时亲手所为、亲目所见之物，自笑大翻陈案。
白石山翁并记。

图 5-5 齐白石 渔翁图 纸本设色 89.5cm×43cm 1928 年 北京画院藏

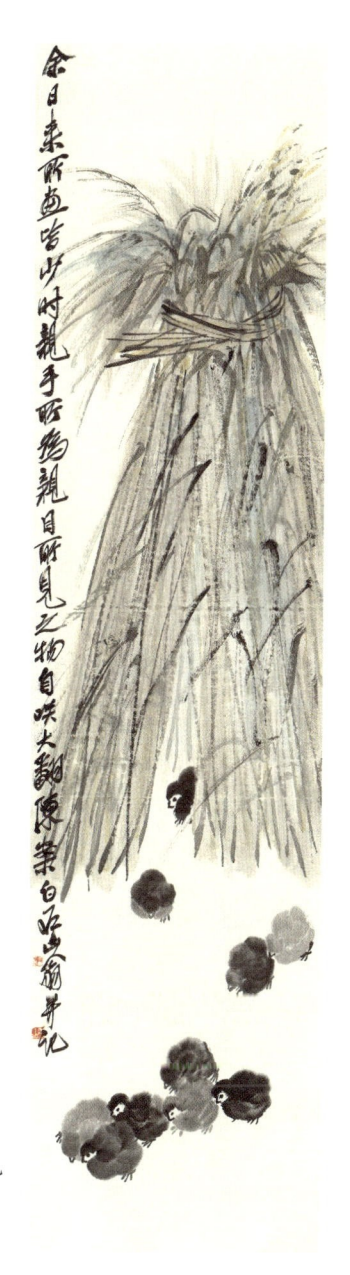

图 5-6　齐白石　稻草小鸡　纸本设色
133cm×33.5cm
北京画院藏

当然，外祖父没见到齐白石的高光时刻，在枫林亭外祖父口中念着："一粥一饭，当思来处不易；半丝半缕，恒念物力维艰。"见齐白石一直胡乱涂抹，白费了描红纸，外祖父屡次呵斥："只顾着玩儿，不干正事，你看看，描红纸费了多少？"他口中一直嚷着要用戒尺打齐白石，但是戒尺始终没有落在爱孙手上。外祖父觉得齐白石在玩儿，但连齐白石也不知道此时浪费的描红纸，终将被"玩儿"出大名堂。

齐白石的幸福时光很快就结束了。秋天，在枫林亭跟随外祖父学习了八九个月的齐白石虽正在读《论语》，但是田里的稻子要收割了，乡间的蒙馆放"扮禾学"，孩子们要帮着家里秋收，蒙馆放了假。自幼身体单薄的齐白石自然在地里帮不上忙，加上当年收成不好，接近于青黄不接的程度，对于本就贫寒的家庭来说，可谓雪上加霜。母亲一句"年头这么紧，糊住了嘴再说吧"，让齐白石短暂的上学生涯戛然而止，描红纸没有了，枫林亭道路上的泥泞也与齐白石没了干系，真正的辍学儿童"诞生"了。这一年剩下的光景在齐白石的回忆里是很艰难的，母亲让齐白石去田里刨芋头，然后用牛粪煨着吃。芋头成了齐白石重要的童年记忆，大约是1870年齐白石吃了太多牛粪煨芋头的缘故，芋头成了画家齐白石最常见的绘画题材之一。在一幅名为《芋苗》（图5-7）的画作上，齐白石题下了一首诗：

  白石山前种芋田，家书报导锁荒烟。
  客中逢友犹夸说，燕市无愁已十年。

图 5-7 齐白石 芋苗 纸本墨笔
136.5cm × 34cm
北京画院藏

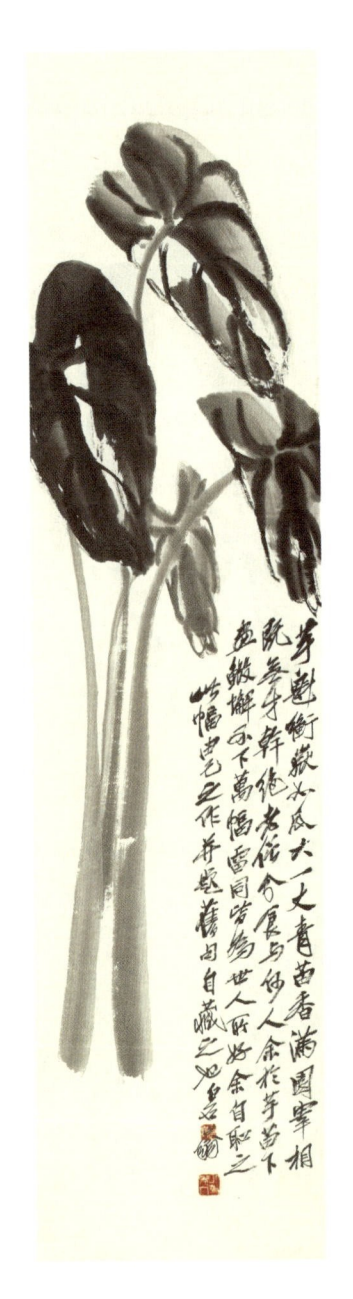

图 5-8　齐白石　芋苗　纸本墨笔
136.5cm × 33.5cm
北京画院藏

在另一幅同样名为《芋苗》（图5-8）的画作上，齐白石陈述了他自己爱画芋头这个题材，而且作为职业画家，这种题材的画作也很受欢迎：

芋魁衡岳如瓜大，一丈青苗香满园。
宰相既无才干绝，老僧分食与何人。
余于芋苗下画虾蟹不下万幅，雷同皆为世人所好，余自耻之。此幅由己之作，并题旧句，自藏之也。
白石山翁。

"万幅"虽有夸张，但是那么多关于芋头的画作，被齐白石嫌弃"雷同皆为世人所好"，他觉得"自耻"，这幅没有鱼虾和螃蟹，只有芋苗的画他要自己留着。芋头几乎成了齐白石日后思念家乡的代表物之一，《老萍诗草》里有一首名为《芋苗雏鸡》的诗文，闻着芋叶的清香，齐白石梦见了家乡的东邻叟：

芋叶青青露气清，贫家鸡子亦成群。
昨宵梦见东邻叟，犹话中年共太平。

慧始艰危出，悲无老大伤。
陶陶读书乐，弄月一天霜。

——齐白石《寄园诗草》

第六章

失学儿童

齐白石失学了，严格意义上讲，齐白石仅有不到一年的私塾学历。此后，从1871年到1873年的三年间，失学儿童阿芝只能通过上山砍柴和牧牛在那个贫苦农家刷存在感，闲暇的时候帮忙带两个弟弟纯松和纯林。砍柴是齐白石最喜欢做的事情，同邻居家年龄相当的孩子们一同上山，每当砍满一担柴休息的时候，常常集合三个人，玩儿"打柴叉"的游戏。三个小伙伴每人取出一捆柴，立起来，一头放在地上，另一头倚靠在一起，就形成一个"叉"。然后站在远处用柴耙扔过来，谁能掷倒叉，谁就能赢别人一捆柴，掷不倒的算输。两人都赢，就平分一捆柴，独自一人掷倒就能赢得两捆柴。三点支撑的柴堆在一起，也是很牢固的，而柴耙又很轻，不容易一下子掷倒，这就是这个游戏的好玩儿之处，齐白石则乐在其中。成年后的齐白石有一次从客居之处回到家乡，看到山间有几个孩子正在玩童年时的游戏"打柴叉"，不由伤感赋诗一首《山行见砍柴邻子感伤》：

> 来时歧路遍天涯，独到星塘认是家。
> 我亦君年无累及，群儿欢跳打柴叉。
> 余生长于星塘老屋，儿时架柴为叉，相离数武，以刀斧掷击之，叉倒者为赢，可得薪，以为乐。[1]

---

[1] 北京画院编：《人生若寄——北京画院藏齐白石手稿（诗稿·上）》，广西美术出版社，2013年，第160页。

至于柴耙，有过乡间生活经历的人，应该都知道它的形状和用途。当然了如果年轻的你在城市长大，从未见过齐白石口中的"柴耙"，可以看看藏在北京画院的齐白石作品《柴耙》（图6-1）。这幅画是齐白石众多作品中非常有特点的一幅，画面上除了一个农家常见的大柴耙，就只有一大段跋文，记录着齐白石的童年与乡愁：

　　余欲大翻陈案，将少小时所用过之物器一一画之，权时画此柴爬（耙）第二幅。白石并记。
　　似爪不似龙与鹰，搜枯爬烂七钱轻。
　　[余小时买柴爬（耙）于东邻，七齿者需钱七文。]
　　入山不取丝毫碧，遇草如梳鬓发青。
　　遍地松针衡岳路，半林枫叶麓山亭。
　　儿童相聚常嬉戏，并欲争骑竹马行。
　　（南岳有松数株，已越七朝兴败，麓山有枫叶亭，袁随园更亭名为爱晚。）
　　三百石印富翁又题新句五十六字。①

"儿童相聚常嬉戏，并欲争骑竹马行"，诗文中提到的也是齐白石童年时的一种乡间游戏。20世纪初，齐白石曾经绘制过一套山水册页《石门二十四景图》，其中有一幅《松山竹马图》（图6-2），题诗为：

---

① 王明明主编：《北京画院藏齐白石全集》（山水杂画卷），文化艺术出版社，2010年，第220页。

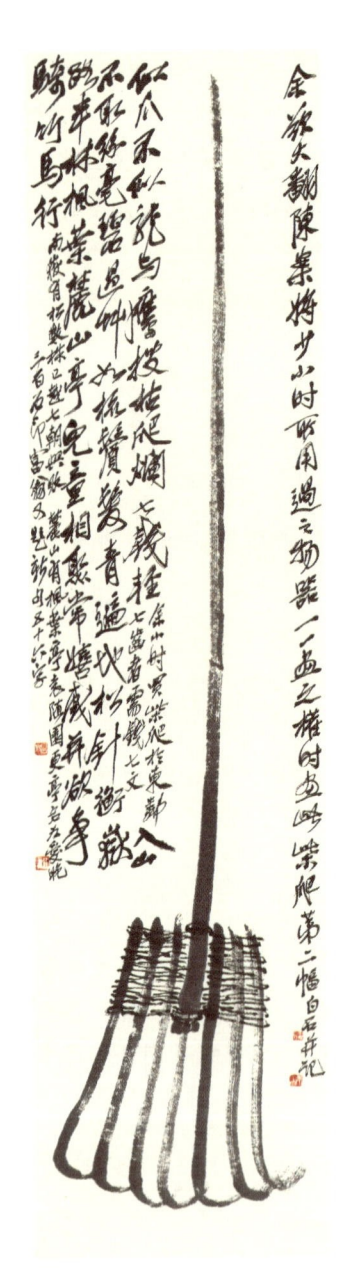

图 6-1　齐白石　柴筢　纸本墨笔
133.5cm × 33.5cm
北京画院藏

堕马扬鞭各把持,也曾嬉戏少年时。

如今赢得人夸誉,沦落长安老画师。

画面上六七个小朋友,每人一根"竹马",或是正在"骑马",或已经"坠马",画面生动朴实。童年时光对于齐白石来说太过深刻,在他九十多年的生命历程中,对童年的追忆和对家乡的思念,以及对亲情的不断阐述,浓浓的乡愁与乡情,都化作形形色色的艺术创作形式,展现在观者眼前,我们看到的不仅是齐白石的字与画、墨与色、诗与印,实则更多需要感悟的是齐白石这个具有历史温度的人,他的感情、生活、苦楚、倔强,还有他的骄傲与远见卓识。

齐白石作为19世纪后半叶中国传统农业社会中一名最常见的失学儿童,竟十分自律,这大概率是齐白石人生后半程优于常人的基本原因。在枫林亭读书时,齐白石便是蒙馆中最优秀的学生,总是被外祖父夸赞聪明踏实。但是当读到《论语》时,赶上农忙假,加之年景不好,齐白石辍学了。失学在家的日子,他在白天上山砍柴、拾粪、带二弟之外的闲暇时间,竟然还要读书写字,把外祖父教过的内容重新温习,描红纸用完了,祖父就将黄表纸订成木子,并买来木版印的大楷字帖,教齐白石临帖。当然,背着大人还是要画画的,拆开祖父的旧账本,一气挥霍。十一岁那年,按照祖父的提议,家中买了一头牛来养,放牛成了齐白石的专职工作,就这样,齐白石成了真正的放牛娃。祖母因害怕齐白石与二弟上山不安全,于是齐白石成了颈上挂铃的"佩铃

图 6-2 齐白石
石门二十四景图之松山竹马图　纸本设色
34cm×45cm
辽宁省美术馆藏

第六章　失学儿童

人"。齐白石上山放牛、砍柴、拾粪、照看二弟,同时他会带上一本书,将书挂在牛犄角上,待捡足了粪,砍够一担柴之后,才会把牛犄角上的书取下来读,就这样忙里偷闲地读完了一部《论语》。后来,齐白石曾经刻过一方印章,印文便是"吾幼挂书牛角"(图6-3)。齐白石酷爱读书,深知读书的好处,成年后也养成了勤读书的习惯。他曾在《癸卯日记》四月廿三日条中写道:

> 昨夜梦中痛泣,自出借山吟馆不曾看书。余长(尝)谓人曰:"余可识三百字,以二百字作诗,有一百字可识而不可解。"今夜算来大约只可识一百五十字矣。倘明年不欲归去,比一字都不识者不如。不识字者言语有味,天性自然。而余三日不读书,语言无味。不识字做官可矣,纯是空腔,或欲自娱,或欲医俗,非识字所不能也。日出为鸦惊醒。泣尚未收。[①]

湖南人曾国藩曾经在书信中告诫子孙言:"余不愿(尔)为大官,但愿为读书明理之君子。"贫寒子弟齐白石读书可谓真的读到了书里的真谛,他从小便知读书和勤奋的重要性。他刻过"一息尚存书要读"和"要知天道酬勤"(图6-4)两枚印章,他一生也是这样做的。齐白石还曾画过一种题材,名为《青灯有味》(图6-5),画面上齐

[①] 北京画院编:《人生若寄——北京画院藏齐白石手稿(日记·上)》,广西美术出版社,2013年,第55—56页。

＊
图 6-3　齐白石　吾幼挂书牛角　朱文　2.8cm×2.8cm×5cm
北京画院藏

＊
图 6-4　齐白石　要知天道酬勤　朱文　4.1cm×4.1cm×1.2cm
北京画院藏

白石单单绘制了一盏油灯和一叠线装书，旁边题曰"青灯有味似儿时"。童年时，幽暗的油灯光线里，齐白石正在一点点改变着自己的命运。现藏中央美术学院的《夜读》（图 6-6），画面是俯视的视角，娃娃趴在矮桌上已经睡熟，一本摊开的书对着娃娃的头，砚台、墨、水滴，两支笔架在笔架上，当然还有一盏油灯。这是 1936 年齐白石绘制的一组人物画稿中的一幅，画面上的浑然天趣充满了

061　第六章　失学儿童

*
图 6-5　齐白石　青灯有味　纸本设色
80cm × 21cm
北京画院藏

图 6-6　齐白石　夜读　纸本墨笔　32cm×27.5cm　1936 年
中央美术学院藏

图 6-7　齐白石　一息尚存书要读　白文　4.2cm×4.2cm×10.6cm
北京画院藏

齐白石的童年味道。齐白石只有几个月的蒙馆肄业学历，但是他却读了一辈子书，老年齐白石还不忘刻下一枚"一息尚存书要读"（图6-7）的印章，以自勉。

每个放牛娃应该对牛都很了解，但肯定不会是每个放牛娃都会画牛。齐白石一生画了很多牛题材的作品，其中的趣味也多种多样。最有意趣的是，齐白石常常画牛，但只画牛屁股和牛尾巴，观者看不到牛的正面和侧面体态，只能看到背后，迎着夕阳的牧牛在枯柳下缓步的图像，丝毫没有因为是背影而产生识别障碍，牛尾微微的"S"形，衍生出无限的悠然恬淡，背影的力量在《夕照牧牛》（图6-8）中得到了升华。画背影给予观者的遐想，一再被历史上的中外艺术家演绎，齐白石将其置于对牛的创作中，则产生了非凡的效果。一枚"也曾卧看牛山"（图6-9）的印章，同样也是齐白石放牛生涯

图 6-8　齐白石　夕照牧牛　纸本设色　67.5cm×33cm
北京画院藏

的儿时记忆。中华人民共和国成立之后,齐白石曾经绘制一幅《红衣牛背雨丝丝》,光屁股的红衣娃娃躺在牛背上,手里放着的风筝飞了很高,一根风筝线看起来悠闲,但风筝又好像可以持续高飞,此时观者会觉得身为一位农家放牛娃的童年太过美妙。

图6-9 齐白石 也曾卧看牛山 白文 3.2cm×2.1cm×5.8cm 北京画院藏

作为生活在19世纪后半叶中国农村的普通少年,齐白石的童年除了太过贫穷,其他方面还是很幸福的,得到了祖父、祖母、父亲、母亲全家长辈的疼爱,感受到了家庭的最大温暖和关怀。若是齐白石听到当下流行的关于童年影响一生的"鸡汤",定会一口饮下,毕竟齐白石的温暖童年滋养了他的一生,但是齐白石的欢乐童年伴随祖父的逝世戛然而止。

别无幻想工奇异,粗写轻描意总同。
怪杀天工工造化,不更新样与萍翁。

——齐白石《葫芦》题句

第七章

鲁班门下

不论齐白石是否要画画，怎样勤奋读书，还是要遵守乡间的风俗，同治十三年（1874年），同乡贫苦农家的女儿陈春君嫁入齐白石家，成了齐白石的童养媳。

这一年的端午节，齐白石有生以来第一次遭受到失去亲人的痛苦，祖父万秉公辞世了。齐白石回忆起万秉公用黑山羊皮袄包裹着自己安睡、教自己识字、接送自己上学的种种温馨场景，难过极了。随着祖父的离去，在地里辛苦劳作的只剩下父亲一人，齐白石开始放弃每天砍柴、牧牛、拾粪、打杂的轻松生活，必须同父亲一起下田，插秧耘稻，整天弯着腰泡在水田中，还要忍受星斗塘里草虾把脚丫夹出血的痛苦。父亲齐以德看齐白石身体弱，力气小，田地里的事情实在做不来，就准备让齐白石学一门可以养家糊口的手艺。经过家中成员的再三商量，终于在光绪三年（1877年）年初，让齐白石跟随同乡本家叔祖齐仙佑学习木匠手艺。父亲齐以德请"齐满木匠"齐仙佑喝了酒，随后行了拜师礼，齐白石正式开始学习木匠手艺。到了这一年的清明节，在一家盖房子的时候，因为齐白石身体瘦弱没有力气，扛不动一根大檩子，师傅齐仙佑就把齐白石退回了家中。一个月后，父亲又找到一位粗木作木匠齐长龄，让齐白石拜其为师，这回的师傅便很体谅齐白石的身体孱弱，让他好好练，把力气练出来。在跟随师傅学习粗木作的过程中，一次因缘际会，遇到细作木匠。齐白石在老年的回忆当中深刻地记着师傅和他看到细作木匠的场景：

记得那年秋天，我跟着齐师傅做完工回来，在乡里的田垄上，远远地看见对面过来三个人，肩上有的背了木箱，有的背着很坚实的粗布大口袋，箱里袋里装的，也都是些斧锯钻凿这一类的家伙，一看就知道是木匠，当然是我们的同行了，我并不在意。想不到走到近身，我的齐师傅垂下了双手，侧着身体，站在旁边，满脸堆着笑意，问他们好。他们三个人，却倨傲得很，略微点了一点头，爱理不理地搭讪着："从哪里来？"齐师傅很恭敬地答道："刚给人家做了几件粗糙家具回来。"交谈了不多几句话，他们头也不回地走了。齐师傅等他们走远，才拉着我往前走。[1]

齐白石很诧异，同为木匠，师傅为何如此？师傅给齐白石讲道："小孩子不懂得规矩！我们是大器作，做的是粗活儿，他们是小器作，做的是细活儿。他们能做精致小巧的东西，还会雕花，这种手艺，不是聪明人，一辈子也学不成，我们大器作的人，怎敢和他们平起平坐呢？"齐白石听了师傅的这番话很不服气，决定去学小器作。齐白石头一次感受到职业带来的身份等级差异，少年齐白石的上进心无比澎湃。

于是，在光绪四年（1878年），父亲打听到有位雕花的木匠周之美要收个徒弟，托了人去说，38岁的周之美收齐白石为徒。周之美在当地是有名的雕花木匠，用平刀法

---

[1] 齐白石口述，张次溪笔录：《白石老人自传》，人民美术出版社，1962年，第20—21页。

雕刻人物是他的绝技。相较前两位师傅，齐白石与周之美相处得很好，周师傅还夸赞齐白石聪明，甚至当作亲生儿子一样看待齐白石。周之美还逢人便说："我这个徒弟，学成了手艺，一定是我们这一行的能手，我做了一辈子的工，将来面子上沾些光彩，就靠在他身上啦！"这位周师傅还真是慧眼识英才，一语中的，若不是齐白石成为享誉世界的中国画艺术家，谁又识得周之美何许人也。因为周师傅的不断夸赞，认为齐白石将是传其衣钵之人，乡里人开始高看齐白石一眼，齐白石也因此终生难忘师恩。

此后，齐白石用了三年多的时间，跟着周师傅学艺，经过一段时间学会了师傅的拿手技艺平刀法，还琢磨着改进了圆刀法，于是学成出师。当然，出师后还是跟着周师傅外出干活儿，周师傅手艺好，在白石铺方圆一百里地的范围内，大家都知道他，齐白石跟着周师傅干活儿，慢慢地，名气也大了起来，乡里人开始叫他"芝木匠"，当面就称"芝师傅"。此时的齐白石终于有了一门能创造价值的手艺，虽然挣钱不多，但是微薄的收入也能让含辛茹苦的母亲一展笑颜。

木匠，是齐白石成年以后的第一个职业身份。因为曾经有过这样的经历，齐白石始终记得自己的人生起点。起初在做工雕花的时候齐白石听乡里人呼他"芝木匠"还觉得挺有面子，但是时间久了，这种愉悦的感觉不仅逐渐消失，反而成了让齐白石觉得自己与"张铁匠""曾铜匠"同病相怜的苦恼。不过，齐白石还是在一生中刻过很多表明他职业身份的印章，比如"木人"（图7-1）、"木居士记"（图7-2）、"木居士"（图7-3）、"鲁班门下"等，单"鲁班门下"便有两枚，一枚朱文印刊刻于1922年（图7-4），另一枚白文印约为20世纪40年代刊刻（图7-5）。而齐白石对刻印的执着与技法上的自成一派，大都来源于他曾是鲁班门下，而同时期的篆刻家多有文人意蕴，齐白石大刀阔斧式的篆刻风格让时人眼前一亮，这也成为"芝木匠"变身艺术家之后的谋生之道。齐白石的幸运便是他一生中所有的努力都不曾被辜负。

图7-1　齐白石　木人　朱文　1.5cm×1.5cm×4cm　1925年
北京画院藏

图7-2　齐白石　木居士记　朱文　2.5cm×2.5cm×4.9cm　1933年
北京画院藏

图7-3　齐白石　木居士　白文　2.6cm×2.7cm×4.1cm
北京画院藏

＊

图7-4 齐白石 鲁班门下 朱文 3.5cm×3.6cm×4.8cm 1922年
北京画院藏

＊

图7-5 齐白石 鲁班门下 白文 3.5cm×3.4cm×4cm
北京画院藏

　　随着同周师傅一起进入乡里人家做工雕花挣钱补贴家用,齐白石人生的新世界大门正在慢慢打开。齐白石结识了部分乡里的财主和士绅,社交范围不断扩大,交游阶层逐渐提升,这为齐白石以后的人生铺就了一片坦途。最初在白石铺常去的地方是陈家垄胡家和竹冲黎家,这两家都是当地的财主,婚嫁所需床橱、妆奁等都是由周师傅和齐白石雕刻，因此齐白石结识了胡姓和黎姓两家，尤其是竹冲黎家与日后的齐白石产生了重要关联，成为齐白石艺术成长与交游之路上的重要友朋。后来齐白石的恩师胡沁园便是竹冲黎家的姻亲，齐白石与黎雨民之间的友情又有《黎夫人像》为证。还有常去雕花的是乡绅齐伯常家。齐白石后来与齐伯常之子齐公甫成了好朋友，之后，公甫的叔父齐铁珊为齐白石的三弟纯藻介绍工作，还提议齐白石拜乡间画师萧芗陔为师。因而，齐白石的雕花木匠身份给予齐白石的是无限发展空间的第一步，也是最重要的一步。齐白石曾为怀念与齐公甫的友情作画《秋姜馆填词图》，并赋诗三首《为家公甫画〈秋姜馆填词图〉》：

> 秋姜馆前出岫云，秋姜馆后鹧鸪声。
> 五十华年词万首，旧家公子最怜君。
>
> 稻粱仓外见君小（余廿七岁以前为木工，常弄斧于君之稻谷仓前），草莽声中并我衰。
> 放下斧斤作知己，前身应作蠹鱼来。
>
> 吾家寂寞三百载，谁起风流文字衰。
> 垂老病中开口笑，龙潭双鲤送诗来。[①]

[①] 北京画院编：《人生若寄——北京画院藏齐白石手稿（诗稿·下）》，广西美术出版社，2013年，第480—481页。

在做雕花木匠的过程中，齐白石不断拓宽和提升自己的交友圈，历史的偶然在齐白石身上不断发酵，推动齐白石的精彩人生迈上一个大台阶。时至今日，很难确定在湖南湘潭的某件雕花木作是齐白石的真迹手作，但是齐白石身为木匠的第一个职业身份却是齐白石人生中的真实存在。这个职业身份，不仅仅拓宽和提升了齐白石的生活层面，与此同时，齐白石与所有人一样，都不知道此时练就的深厚的雕花木作功底，将成为齐白石闯荡艺术圈、以篆刻为名、打开北京艺术市场的最佳根基。看似偶然的人生经历，却成了齐白石成功道路上一个个坚实的脚印。

隨班門下

木板钟鼎珂罗画,摹仿成形自不羞。
老萍自用我家法,刻印作画聊自由。

——齐白石《白石杂作》

第八章

《芥子园画谱》的力量

齐白石的雕花过程并非因循守旧、一成不变的机械性工作，而是在原有麒麟送子、状元及第等传统题材的基础上，生发出更多接地气的生活图像，飞禽走兽和草木鱼虫变成了木雕，大胆的创造受到了师傅的夸赞和雇主的喜爱。至光绪八年（1882年），齐白石在一位雇主家中发现了改变他一生的绘画启蒙书《芥子园画谱》，这套书据齐白石自己回忆是乾隆年间翻刻，五彩套印，初、二、三集，中间缺一本，以当下的眼光看待，这是真正的古版书。齐白石幼年时就对绘画产生了极大兴趣，在这种内在驱动力作用下，齐白石如获至宝，找到此前画画诸多问题的根源所在，齐白石想要按照这本画谱从头学起。但是临摹多遍需要长期借雇主的书，想要买，湘潭地区没有，即便长沙有卖，他也买不起。于是齐白石想到幼年时勾影雷公像的办法，向雇主借来了书，又向母亲要了些钱买来薄竹纸以及颜料、毛笔，每晚收工回家后，都以松油柴火为灯，一幅一幅地勾影《芥子园画谱》上的图像，足足用了半年时间，全部勾影完，订成16本。从此齐白石在乡间雕花做木器的时候，以《芥子园画谱》为蓝本，推陈出新的花样就更多了。而更重要的是，从此齐白石就有了绘画的第一位老师——《芥子园画谱》。此后，齐白石对着自己勾影的《芥子园画谱》反复临摹了很多遍，积累了大量画稿。

"芥子园"是清初文人、戏曲家李渔在金陵南京的别墅，园只有三亩，经过李渔的精心打造达到"壶中天地"的园林境界。后芥子园交由女婿沈心友打理，沈心友藏有李流芳课徒稿43页，在此基础上由职业画家王概整理增补，形成《芥子园画谱》初集，于康熙十八年（1679年）初版，又名《芥子园画传》《笠翁画传》《笠翁画谱》。此后王概兄弟三人，编绘了二集和三集。直至嘉庆二十三年（1818年），方才增补第四集人物部分。那么，齐白石所见的乾隆版，不包含尚未编印的人物部分，所以齐白石的人物画在早期受到《芥子园画谱》影响的可能性比较低。《芥子园画谱》康熙本初集五册共5本，二集四册每册分为上下册共8本，三集两册共4本，共计17本，按照这样的分类，齐白石白天做工雕花，夜间点灯拓摹从雇主家借来的乾隆年间翻刻的《芥子园画谱》，独缺一本，最终自己订成16本，应当也是按照《芥子园画谱》原有顺序装订。

　　《芥子园画谱》正是中国古代木刻画谱中的佼佼者。《芥子园画谱》一经流传，便成为中国画学习者的入门首选，对于中国画艺术的传承，可谓厥功至伟。《芥子园画谱》丰富了中国传统绘画的教学方式，在师徒相传的基础上，使得自习、临摹成为另一种学习路径。清代开始，一部分贫寒子弟也能够通过《芥子园画谱》学习中国画。进入近现代，《芥子园画谱》作为中国画启蒙的重要读本，滋养了一批重要的中国艺术家，除齐白石外，中国绘画大家潘天寿、丰子恺、陆俨少等均曾临习《芥子园画谱》。同时，《芥子园画谱》也成为海派绘画持续繁荣的坚实基础，在中国传统绘画的传承体系中，《芥子园画谱》的重要性和现实意义不容小觑。

　　中国画与西方绘画的学习方法有所不同，临摹是中国画学习的必经之路，《芥子园画谱》恰好是最优秀的入门临本，恰如临帖摹碑才能入门并逐渐体悟到中国书法的精妙一般。同时，《芥子园画谱》每一种类的开篇都述及该类别的画史源流，由于有文人士夫参与编撰出版，可以看到《芥子园画谱》中有文人寄兴，亦有格调逸气。《芥子园画谱》注重中国传统绘画中规律性问题的总结与归纳，掌握中国画临习与创作规律成为一切先决基础，树法、皴法，以及山石、梅兰竹菊、亭台楼榭甚至人物的画法，在《芥子园画谱》中均能找到规律性章法。齐白石的绘画入门，可谓一举进入正道，丝毫没有走弯路，在中国传统绘画学习的道路上，将临习参摹《芥子园画谱》作为绘画创作的根基，临仿传统艺术形态的同时，又兼顾到文人陶冶性情的雅趣。于是，机缘巧合下，齐白石找到了一位最优秀的绘画老师。

相对于一般古籍，《芥子园画谱》最突出的特色在于精美的饾版套色插图，[①] 而乾隆年间再印的《芥子园画谱》，在品质上与康熙原印相去甚远。齐白石看到的《芥子园画谱》被称为是乾隆年间翻刻，翻刻与再印则又产生了一定差距。乾隆壬寅年（1782年）苏州金阊书业堂版的《芥子园画谱》初、二、三集传世较多，目前可见的一部分传世金阊书业堂版的《芥子园画谱》是利用原刻版再次刷印的。有学者判断现藏美国纳尔逊博物馆的姑苏赵氏书业堂《芥子园画谱》初集是翻刻本。至于乾隆年间其他版本的原版再印与翻刻情况则有待进一步

---

① 董捷主编：《风格与风尚——中国版画史研究的新面向》，中国美术学院出版社，2019年，第77—98页。

的学术研究。所以，齐白石于1882年见到的《芥子园画谱》到底是哪一个版本成为一个谜，其中缺少的又是哪一本，也不得而知。若确实是乾隆年间的翻刻本，那么在品质上与康熙初本是有一定差距的。

《芥子园画谱》问世以来，逐渐成为绘画爱好者的启蒙老师，同样也成为齐白石学画生涯上的第一位老师，并对齐白石的早期绘画产生重要影响。1882年开始，齐白石拥有了16本自己临摹的《芥子园画谱》，如获至宝。在之后的绘画创作道路上，这些临摹本好像江湖中人的武林秘籍，抑或民间大厨的绝密配方，不断被齐白石翻看临习、组合、再造，充满智慧的齐白石在自己的绘画中使用了芥子园里的山石、树木、点景人物等，但是你却找不到一处与《芥子园画谱》完全一样的誊挪，"芥子园元素"在齐白石灵动的笔下被再造并得以重生。

20世纪初，齐白石的同乡好友胡廉石将自己的家乡石门附近的景致拟了24个富有诗意的四字题目[①]，请齐白石为其作画，齐白石随即绘成《石门二十四景图》，1915年冬，胡廉石携《石门二十四景图》请齐白石题诗。除画幅上的诗文外，齐白石在1916年至1917年的《借山吟馆诗草》中誊录了《题石门画册》，以及创

[①]《白石老人自述》中曾言，24个题目是王仲言帮助胡廉石拟出的。王仲言是齐白石的至交好友、儿女亲家，龙山诗社的发起人。

作缘由。①《石门二十四景图》成为齐白石早期山水画作品中的代表。胡廉石的家在湖南湘潭谭家山镇陈家垄村②，而陈家垄恰巧是齐白石雕花学徒出师后随周之美师傅常去雕花的地方，齐白石在自述中提到的财主胡家极有可能就是胡廉石家，再则胡廉石是齐白石后来的恩师胡沁园的堂侄，以及之后齐白石成为乡土文艺青年、组织参加龙山诗社的活动，多重关系中，齐白石成为胡廉石的好友。清末中国乡间复杂而庞大的人际关系网逐渐笼罩齐白石，同时也成了齐白石人生辉煌之路上的巨大动力助推器。

按照《石门二十四景图》第 24 开的题跋，和诸多齐白石当时的活动推断，《石门二十四景图》的创作时间有两个可能性，即 1903 年 6 月到 1904 年春第一次远游后居家期间；或者 1904 年 8 月到年末第二次远游后，而第二种可能性尤大。③《石门二十四景图》的创作，距离齐白石第一次见到《芥子园画谱》大约二十年，齐白石几乎将《芥子园画谱》烂熟于心，灵活运用于笔间与纸上。

在创作《石门二十四景图》时，齐白石采用了很多《芥子园画谱》中的元素。其中《霞绮横琴图》（图 8-1）中的楼阁与《芥子园画谱》初集卷四中的平台崇楼的上

---

① 北京画院编：《人生若寄——北京画院藏齐白石手稿（诗稿·上）》，广西美术出版社，2013 年，第 101 页。
② 董宝厚：《齐白石〈石门二十四景图〉研究》，载《荣宝斋》，2013 年第 8 期。
③ 参考董宝厚：《齐白石〈石门二十四景图〉研究》，载《荣宝斋》，2013 年第 8 期。

半部分完全形同，齐白石照搬了重檐九脊的房顶和高层空间，底层嫁接了《芥子园画谱》回廊曲槛宫式；《芥子园画谱》初集卷二中的"细钩蕉叶"在稍做组合之后出现在了《蕉窗夜雨图》（图8-2）房屋的左右两边；《松山竹马图》上扭结盘曲的松树与《芥子园画谱》初集卷二"李营丘松多作盘结如龙蟠凤翥"相类似；《古树归鸦图》（图8-3）中的古树与《芥子园画谱》初集卷二的"王维树法"有相似之处；《石泉悟画图》（图8-4）中的山峰明显借鉴了《芥子园画谱》初集卷三中的荷叶皴；《鸡岩飞瀑图》（图8-5）中瀑布与前景山石的构成方式参照了《芥子园画谱》初集卷三中的"垂石隐泉法"；《老屋听鹂图》（图8-6）上的水田与《芥子园画谱》初集卷三中的"画平田法"有一定的关系，类似这样的图像参照关系还有很多。另外，故宫博物院藏齐白石山水《老屋秋声图》（图8-7）、《巴湖春水图》（图8-8）、《吟江话月图》（图8-9）、《蒿岭卧云图》（图8-10）四幅早期山水，有明确的纪年为1902年。其中很多图式与《石门二十四景图》有图像关联之处。《蒿岭卧云图》中的云山与《石门卧云图》（图8-11）中的云山十分相像，应当都是参照《芥子园画谱》初集卷三"画石梁垂瀑布法"，诸如此类的样式在各类树法、房屋、点景人物中都有出现。

而齐白石能够在绘画之路上一直走下去，并成为中国近现代画坛上的佼佼者，必然有使其脱颖而出的制胜法宝。齐白石早期山水画中《芥子园画谱》元素非常之多，但是很少有完全照搬的情况，而且齐白石将画面中的各种元素组合得自成一体，假以时日便形成了自己的

*
图 8-1　齐白石
石门二十四景图之霞绮横琴图　纸本设色
34cm×45cm
辽宁省博物馆藏

第八章 《芥子园画谱》的力量

风格，至《借山图》创作便完全形成了自身的山水画创作样貌。但齐白石终其一生的绘画作品均充满了平面性和拼贴效果，这种图像元素之间的组合形式，大概率是因为齐白石早年受到《芥子园画谱》影响太过深重。当同时代的画家，如金城一般在传统的道路上继续探寻文人画的意蕴，或者像徐悲鸿一样在创新的道路上极力反对《芥子园画谱》的同时，齐白石却用不断尝试、用心长时间作画、缓慢行笔、认真对待每一幅画作的态度，秉持着湖南人倔强、坚守自我的一贯风格，等待自己成长为伟大的艺术家。

不得不说，齐白石虽然勤奋，齐白石的人生路上虽然没有被辜负的努力，齐白石虽然很快找到了同样被潘天寿、黄宾虹当作老师的《芥子园画谱》，但是齐白石的聪颖依旧不能被忽视，历史的偶然和人生的必然让齐白石早早端起了老天爷赏饭的那只碗。

图 8-2　齐白石　石门二十四景图之蕉窗夜雨图　纸本设色　34cm×45cm
辽宁省博物馆藏

图 8-3　齐白石　石门二十四景图之古树归鸦图　纸本设色　34cm×45cm
辽宁省博物馆藏

图 8-4　齐白石　石门二十四景图之石泉悟画图　纸本设色　34cm×45cm
辽宁省博物馆藏

图 8-5　齐白石　石门二十四景图之鸡岩飞瀑图　纸本设色　34cm×45cm
辽宁省博物馆藏

图 8-6　齐白石　石门二十四景图之老屋听鹂图　纸本设色　34cm×45cm
辽宁省博物馆藏

093　第八章　《芥子园画谱》的力量

图 8-7　齐白石　老屋秋声图　纸本设色　78.8cm×40.2cm　1902年
　　　　故宫博物院藏

图 8-8　齐白石　巴湖春水图　纸本设色　73.2cm×40.3cm　1902 年　故宫博物院藏

图 8-9　齐白石　吟江话月图　纸本设色　73.8cm×40.2cm　1902 年
故宫博物院藏

图 8-10　齐白石　蒿岭卧云图　纸本设色　73.8cm×34.3cm　1902 年
故宫博物院藏

*
图 8-11 齐白石
石门二十四景图之石
门卧云图 纸本设色
34cm×45cm
辽宁省博物馆藏

石門臥雲圖

提壺攔上石
門寬不礙雲
陰暑赤足
睡足忘歸
恩伴醉陽
三千里嗟
陳摶

二十年前我似君,二十年后君亦老。
色相何须太认真,明年不似今年好。

——齐白石《借山吟馆诗草》

第九章

从雕花到画像

至光绪十四年（1888年）前的五年间，齐白石除了雕花做工以外，大量时间用来画画，画画的声名和雕花的声名一样在白石铺传开了。有人请齐白石去雕花，做完活儿又请他留下来画画，也可以为他增加些收入。乡间邻里提到"芝木匠"都会说他画得挺不错的。齐白石当时画的大部分题材是神像功对，一直以来这些题材都是中国传统民间社会最受欢迎的内容。

齐白石画人物喜欢画古装，而对于古装人物的最初认识均来源于齐白石曾经拓摹的《芥子园画谱》。齐白石早年见到的《芥子园画谱》初、二、三集中并没有专门的人物卷，齐白石提到的《芥子园画谱》中的人物，应该是初集里的点景人物，当然这样的人物姿态动势与组合关系，以及发式着装等都在齐白石早年山水画中有所再现。

在传统中国社会，识字率很低，对普通民众的教化方式之一就是戏曲，大量的戏曲班子走进乡村，在民众间普及从"桃园结义"到"包公铡美"，再到"牡丹亭"种种，普通乡邻知晓的是要讲义气、懂大义、有家庭责任感、不能嫌贫爱富，而齐白石则把戏台上的演员扮相画下来，逐渐丰富了人物画的形式。

齐白石起初的受雇之画，大多是神像功对，每一堂功对少则四幅，多则二十幅。画面表现的是玉皇、老君、财神、火神、灶君、阎王、龙王、灵官、雷公、电母、雨师、风伯、牛头、马面和四大金刚、哼哈二将之类。齐白石意识到，这些神仙谁都没见过他们的本来面目，按照老年齐白石的口述，他原本是不喜欢画这些的，但因为完成一幅也能换一千个钱，合银圆一块钱左右，另一方面来求神像功对的都是同乡邻里，只好答应下来。①

齐白石在神像功对的创作中，并非一成不变地按照传统方式去画，而是加入很多自己的理解和处理方式。"有的画成一团和气，有的画成满脸煞气。和气好画，可以采用芥子园的笔法。煞气可麻烦了，决不能都画成雷公似的，只得在熟识的人中间，挑选几位生有异相的人，作为蓝本，画成以后，自己看着，也觉可笑。我在枫林亭上学的时候，有几个同学，生得怪头怪脑的，现在虽说都已长大了，面貌究竟改变不了多少，我就不问他们同意不同意，偷偷地都把他们画上去了。②"不知齐白石在枫林亭的同学可曾在同乡邻里的家门上看到自己的面庞，这种来自人物画创作的小心思，可能也给不愿画神像功对的齐白石在作画时带来了些许乐趣。

至光绪十四年（1888年），齐白石通过做工雕花、画神像功对赚得的一点点钱，并不能改变全家14口人贫困的生活状态。齐白石的母亲纺纱织布，向来一刻不闲，母亲双肩挑起全家人的生活重担，天天移东补西，调排用度，用微薄的收入糊住家中14口人的嘴。三弟纯藻托远房本家齐铁珊，将其举荐到一所道观中煮饭打杂。齐铁珊是齐白石好友齐公甫的叔叔，齐白石又常去

---

① 齐白石口述，张次溪笔录：《白石老人自传》，人民美术出版社，1962年，第27页。
② 同上。

道观找三弟，因而结识了齐铁珊。齐铁珊好似对齐白石的绘画爱好很是关心，每次见面都有询问："最近又画了多少、画的是什么？"有一次齐铁珊对齐白石说："萧芗陔快到我哥哥伯常家里来画像了，何不拜他为师！画人像总比画神像好一些。"人生路上一两句点拨，是多么珍贵。齐白石早就听过萧芗陔的大名，只是从来都没有见过，听到齐铁珊这么建议，齐白石真的动了心。几天后，萧芗陔到了齐伯常家，齐白石准备好一幅自己画的铁拐李像，拿给萧芗陔过目，并请齐铁珊和齐公甫叔侄二人帮忙，向萧芗陔表达想要拜师的意愿，在齐白石的记忆中，萧芗陔师傅一下子就同意收下齐白石为徒了。萧师傅，本名传鑫，号芗陔，家住朱亭花钿，距离齐白石的杏子坞星斗塘有一百多里地。萧芗陔是纸扎匠出身，经书读得烂熟，也会作诗，用历史的眼光看，他同齐白石一样通过自己的发奋用功改变了职业。萧芗陔是湘潭画像第一名手，也会画山水人物。后来萧芗陔还介绍他的朋友文少可与齐白石相识，文少可也是当地的画像名手，家住在小花石。萧芗陔与文少可对待齐白石都很热情，将他们的绘画手法都教给齐白石，从此齐白石对画像有了比较深刻的认识。现藏在辽宁省博物馆归名为萧芗陔的山水四条屏（图9-1），可以看到萧芗陔绘制山水作品笔墨淋漓，皴法放纵，作为传统一路山水作品格调尚可。

中国画坛，每个时间段都有其特定的时代属性与时代特征。进入18世纪以后，受到商品经济的不断冲击，画坛开始了"雅"与"俗"之间的博弈，甚至在某种程度上，民间认识中的"俗"或"雅俗兼备"占了上风。

而与此同时，对于题材的认识和喜好也产生了重要转变，精英化文人理念的山水画受到市场的冷落，坊间流传一句"金脸银花鸟，讨饭画山水"的谚谣。对于齐白石而言，此时遇到两位主要教授画像技法的老师，可谓得到了贵人相扶。

其间，中国社会正在经历一个图像认知的改变过程。中国传统人物画始终是精英阶层享受的一种特殊形式，帝后像、文人像、祖宗像等都是有钱人或知识阶层的专属，穷人是很难请一位画师对像描容的，但是这种情况恰巧在齐白石生活的时代开始发生转变。19世纪30年代末，照相术在西方国家诞生并开始广泛应用，19世纪40年代以后逐渐传入中国，19世纪晚期慈禧开始在紫禁城里大量借助照相术为自己留影。伴随传教士、大量西方汉学爱好者涌入中国，照相机开始在中国流传，照相术逐渐被普通民众中的激进分子接受，照相机"摄人魂魄"的谣传一次次被事实击败。至20世纪上半叶，出现了郎静山等具有中国传统审美意识的一流摄影家。郎静山于20世纪中叶为齐白石拍的人像摄影，成为追索真实齐白石的图像依据。

恰在照相术传入中国的过程中，齐白石开始学画像了。当然他入手的方式仍旧是民间画像，他的两位老师萧芗陔和文少可都是民间画像师傅。齐白石在老年自述中曾回忆，因为学会了画像，觉得干雕花做工，太过于费事，每一件作品总得雕上好多天，这期间便把整个人困住，别的事都不能再做，但画画却没有什么限制，可以自由自在地画，有闲暇就画，比雕花省事得多。后来

106

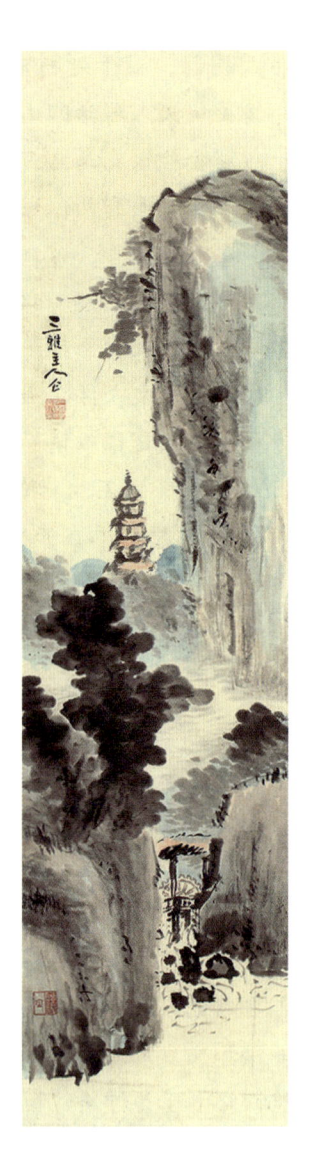

*
图 9-1　萧芗陔　山水四条屏　纸本设色　各 131.4cm×33.5cm　1912 年
辽宁省博物馆藏

的恩师胡沁园赏识齐白石，告诉齐白石可以凭借画画糊口，卖画赚钱养家，于是齐白石开始给乡里人画像。在齐白石的记忆中，"那时照相还没盛行，画像这一行手艺，生意是很好的。画像，我们家乡叫作描容，是描画人的容貌的意思。[①]"画像，在齐白石看来与雕花一样仍旧是养家糊口的方式，但要强过做雕花木匠。乡间的有钱人活着的时候要画两幅小像玩玩儿，死后要画一幅遗容，留作纪念。齐白石从萧芗陔和文少可那里学来的画像技能，在结识胡沁园之后才得以运用。胡沁园到处宣传齐白石能够画像的本领，韶塘一带的人，都来请齐白石画画，一开始生意就很不错。得遇乡贤大力举荐，乡里人认同的不仅是齐白石的画像技艺，更是胡沁园的信誉度和威望。每画一幅画像，主顾付齐白石二两银子，价码不算太低，但是有些爱贪小便宜的人，往往在画像之外，还让齐白石给他们的女眷画些帐檐、袖套、鞋样之类。甚至有些人让齐白石画中堂，画堂屏条，都是"白饶"。好在此时齐白石画这类作品，随便画上几笔并不费事。"白饶"这件事儿，在有地位的绘画大家身上是少有发生的，而此时的齐白石仅仅是在从木匠到画匠的职业身份转变过程中，这是齐白石的转变过程，也是乡里人认识齐白石一专多能的过程，但是画匠到画家，这个质变的飞跃，此时的齐白石还不能预见，更是乡里人所不能想象的。

[①] 齐白石口述，张次溪笔录：《白石老人自传》，人民美术出版社，1962年，第33页。

与此同时，齐白石又开始结合当地风俗开创画像的新技法。在湘潭，新丧之家妇女们穿的孝衣，都把翻起的袖头画上花样做装饰。这种零碎玩意儿，都是画遗容时必须画的，齐白石按照雇主的要求也都画了上去。在为时不久的画像过程中，齐白石琢磨出一种精细画法，能够在画像的纱衣里面，透现出袍褂上的团龙花纹，齐白石的雇主乡邻们都说这是他的一项独家绝技。齐白石在做雕花木匠时可以拓展刀法，描容画像时也能钻研出一种具有新意的技法，可见齐白石的聪颖与探索精神，亦是最终成为绘画大家的先决条件。自从齐白石开始画像以来，收入也逐渐比以前丰厚了些，雇主要求画相对细致些的画像要给齐白石四两银子，从此便成为定例。齐白石似乎觉得画像挣的钱多，还省力气，因此齐白石扔掉了斧锯钻凿一类工具，改行专做画匠。描容画像在齐白石的认识中是匠人所为，不能算作画家，更不是艺术家，所以齐白石说自己是从木匠转而做了画匠。画匠可以算是齐白石谋生道路上的第二个职业。

至此，在中国绘画的品类中，齐白石学会了按照《芥子园画谱》的元素画拼贴式的山水画，山水间的点景人物也多取自《芥子园画谱》，当然后来他还学会了民间画像。在传世齐白石作品中，确有一部分早期人像作品。这一类人物像大多有明显的照片特色，尤其是在人物面部。但是在齐白石的回忆中却说，早年在乡间并不流行照相。实际上这种19世纪末期的高精尖设备与技术，只是在精英阶层流行，而齐白石当时作为描容画匠，应该很难见到照相机或者照相的过程。齐白石曾经学过一位湖南名士尹和白画梅花的方法，双钩的笔法得到尹和白画法精髓。这位尹和白在瞿兑之的记述中被称作"湖南谙照相者第一人"[①]，尹和白是瞿兑之学画的老师，而瞿兑之的诗文老师又是王闿运，因而瞿兑之对尹和白的了解应当是比较深入的。尹和白常常出入曾国藩的军府，与尹和白一起玩照相机、研究照相技术的则是曾国藩的次子曾纪泽。齐白石在《辛酉日记》中说，己未（1919年）前十年在长沙探访过老师王闿运，但是含糊其词的是到底齐白石有没有见过尹和白。作为大城市的长沙一定有照相馆，当然就有人像摄影被摆在橱窗间。

而19世纪末期，描容画像之所以盛行，正是因为民间流传着对摄影摄人魂魄的种种无厘头猜测，但是民众又艳羡照片所达到的真实感，于是齐白石能在这一行当中立足，并很快挣到了能够糊口的银钱。画像描容既符合了中国人的传统认知，结合照相术的描容方式，又极大顺应了流行趋势。一时间，站在中间地带的具有照相写实特征的人像画大行其道，此时齐白石恰巧赶上了时代的潮流，赢得了大众的喜好。

齐白石早年画就一幅《黎夫人像》（图9-2）。画像上的主角是齐白石的好友黎雨民的母亲，也是恩师胡沁园的姐妹，黎雨民就是齐白石在跟随周之美师傅雕花时常去的竹冲黎家一员。画像大约创作于1895年，画中的黎夫人端坐在椅上，脚踏矮凳，身着诰命夫人的凤冠

[①] 瞿兑之：《白石翁画卷录》，载《古今》1943年第35期。

图 9-2　齐白石　黎夫人像　纸本设色　129cm × 69cm
辽宁省博物馆藏

霞帔，黎夫人的坐像身姿呈正面，衣服配饰的描绘采用了中国传统工笔勾勒设色的方法，但是黎夫人的面部不仅微微偏向左侧，而且面部的绘画技法采用了鲜明的擦碳法，表达了黑白明暗的光影效果。用时下的审美眼光看，画面下端菱格形的彩色地板装饰，黎夫人鲜艳夺目、贵气逼人的大红着装，配上一张端庄肃穆的黑白立体面目，真可谓满满的"违和感"。但同时也可以看出，齐白石绘制这幅《黎夫人像》时具备相当的耐心。另有一幅约绘于1911年的《官服人物像》（图9-3）与《黎夫人像》有相似之处，相近的地板装饰，年轻的清代官员不论是头顶的官帽还是身着的官服，都描绘得极为精致，绘制出了齐白石自己所说的那种"画像的纱衣里面，透现出袍褂上的团龙花纹"的效果，人物被研究者认为是长沙谭家的谭组庚，即谭钟麟次子，谭延闿的二弟，人物面部鲜明的黑白光影关系，是每一位熟悉西方绘画技法的人所能够一眼识别的。此外，现藏台北故宫博物院的《谭文勤公像》（图9-4），采用将人物半身像嵌入椭圆形"镜影像"的构成方式，这是谭文勤公的遗像，应当是齐白石1910年的作品，郑沅和王闿运的题跋为齐白石的这幅画验明正身，尤其是王闿运的一句："乃督广海时照像所摹"，一语点明齐白石是按照谭文勤公的照片画像的，于是谭公面部结构与凹凸，光线与明暗，相当清楚。另外一幅具有镜影表现意识的便是《何绍基像》，齐白石在画面左侧竖题："齐璜临道州何氏家藏本"。何氏家藏本是一幅现藏湖南省博物馆的《何绍基画像》，不论这幅《何绍基像》是否齐白石的真迹，

*
图 9-3 齐白石 官服人物像 纸本设色 110cm×64.2cm
荣宝斋藏

图 9-4　齐白石　谭文勤公像　纸本墨笔　93.5cm×37.1cm　1910 年
台北故宫博物院藏

《何绍基画像》与《黎夫人像》《衣冠人物像》在图像形式上的相似性，都证明了在19世纪末期至20世纪初期，这种民间画像的审美样貌。用擦碳法绘制的还有《胡沁园像》(图9-5)，以及1927年父母先后辞世，按照爹娘的照片画下的画像，北京画院藏有齐白石父亲、母亲线描稿（图9-6、图9-7），虽只有面庞的勾勒线，但是形态样貌已经十分清晰，对照着照片（图3-6、图3-7，见023页），这种绘画的图像来源便十分清晰。

若说人生有路，那么有人走的是坦途大道，有人走的是陡峭山路，有人则如坐过山车，而齐白石走的是一直向上的台阶，阶梯平稳，台基坚实。我们会发现，芝木匠雕花的时候认识了陈家垅和竹冲的财主，从木匠转身变为画匠的时候，他不仅为乡间有财力雇用画匠的雇主画像，同时他结识的湖南湘潭地区和长沙地区的精英也越发集中。当一个雕花的木匠变身为画匠之后，他所接触的人便变成了有画像诉求的有钱人和有知识的人，其中也不乏有权势的人，甚至是士绅阶层的人，别人眼里老实巴交不善言谈的芝木匠就这样开始慢慢靠近湖南的精英圈。在这样的氛围中，齐白石也托名上升。

图 9-5　齐白石　胡沁园像　纸本擦炭着墨　26cm×19cm
湘潭齐白石纪念馆藏

图 9-6　齐白石　阿爷像初稿　纸本墨笔　25.5cm×51cm
北京画院藏

图 9-7　齐白石　阿娘像初稿　纸本墨笔　22.5cm×46cm
北京画院藏

村书无角宿缘迟,廿七年华始有师。
灯盏无油何害事,自烧松火读唐诗。

——齐白石《往事示儿辈》

第十章

廿七年华始有师

还是在1888年，冬天里，齐白石到赖家垅雕花，距离星斗塘有四十多里地，虽然路程并不远，但齐白石还是住在了赖家垅的雇主家里。入夜，赖家垅雇主家的灯光远远好过星斗塘家里的松油灯，齐白石照例每晚都要画画。在赖家垅的明亮灯火中，齐白石绘就了几幅花鸟画，拿给赖家人看，他们说："芝师傅不是光会画神像功对的，花鸟也画得生动得很。[1]"赖家垅的人说，曾经请寿三爷画个帐檐，往往等了一年半载，还没画出来，看到齐白石的画，这些人准备去寿三爷那里取回自己的竹布，请芝师傅为自己家画帐檐。帐檐是中国传统生活中民众喜爱使用的一种帐上端的装饰，根据所在地区和民族风俗不同，制作的方式和工艺也有所不同。齐白石所在的湘潭地区此时所采用的方式是绘画帐檐。此处，是齐白石在《白石老人自传》中第一次提到"寿三爷"。

此后，至光绪十五年（1889年）春节时候，齐白石仍旧去赖家垅雕花做工，这一次赖家人引荐齐白石拜见了正巧到访赖家垅的寿三爷。齐白石在自传中说道："有一天，我正在雕花，赖家人来叫我，说：'寿三爷来了，要见见你！'"齐白石还在想为什么要去呢，但因赖家人已经引荐又不能不去，字里行间一股老大不情愿的倔强气涌了出来。照家乡的规矩，齐白石叫了一声"三相公"。寿三爷很客气地对齐白石说："我是常到你们杏子坞去的，你的邻居马家，是我的亲戚，常说起

---

[1] 齐白石口述，张次溪笔录：《白石老人自传》，人民美术出版社，1962年，第29页。

你，人很聪明，又能用功。只因你常在外边做活儿，从没有见到过，今天在这里遇上了，我也看到你的画了，很可以造就！"接着又问齐白石："家里有什么人？读过书没有？愿不愿意再读读书？学学画？"齐白石逐一回答："读书学画，我是很愿意，只是家里穷，书也读不起，画也学不起。"之后寿三爷表示："那怕什么？你要有志气，可以一面读书学画，一面靠卖画养家，也能对付得过去。你如果愿意的话，等这里的活儿做完了，就到我家来谈谈！"齐白石看寿三爷对他很诚恳，就答应了下来。

以上关于齐白石与胡沁园的结识经过，都是齐白石的主诉。此处我们必须说说口述史问题和著名的《白石老人自述》了。1933年开始，齐白石有意请吴门的金松岑为自己作传，起初的想法是由齐白石口述，张次溪笔录，最后由金松岑操刀完成齐白石的传记，这项长期大工程从1933年开始酝酿，一直持续到1947年，而金松岑在1947年辞世，最终金松岑并未插手此事，全权由张次溪笔录完成。这部书是齐白石自己叙述从出生到1947年经历的一部口述史，整部书娓娓道来，详述了齐白石一生的点点滴滴。但是，其中的问题是主诉就存在主观，以及与真实之间或多或少的偏差。口述史的首次面世是在1961年9月，香港《大公报》的陈凡凭借他新闻人的敏锐眼光，将张次溪手中的《白石老人自述》存稿放入香港上海书局的《齐白石诗文篆刻集》中刊布。[①]1962年10月，人民美术出版社出版了《白石老人自传》，并在书中保留了记述口述的缘起，十分珍贵。此后，多家出版社都曾出版《白石老人自述》。上述几种版本虽大体相同，但是1962年的《白石老人自传》要比其他版本字数略多。

对于自传中胡沁园主动提出收齐白石为徒的事，在社会人眼中便如无缘无故的爱砸在齐白石的头上一样，而这种事情在"自述"中还再次上演，那就是齐白石拜师王闿运的过程，也是王闿运托人说了很久，齐白石才上门拜师的。这不能说明口述史不可信，只能说明要用史料和事实证明，当然其中历史的真相在史学者如福尔摩斯探案的过程中，逐渐清晰也伴随部分猜想。中国人走过几千年的历史长河，向来信奉一句的"耳听为虚，眼见为实"，大概就是中国人太清楚使用语言的艺术张力到底有多大了。

按照湘潭下辖地区和齐白石的活动范围来看，齐白石结识胡沁园有两种可能，第一种便是齐白石的马姓邻居是胡沁园的亲戚，邻居知晓齐白石的画画能力后，将齐白石推荐给胡沁园作徒弟；再有一种便是齐白石早年在竹冲黎家做过工，竹冲黎家是胡沁园的亲家，黎夫人便是胡沁园的姐妹，齐白石托黎家人介绍认识胡沁园，

---

① 杨良志：《齐白石、张次溪与〈白石老人自述〉（自传）（下）》，见北京画院编：《齐白石研究》（第七辑），广西师范大学出版社，2019年，第4页。

或者齐白石在黎家见过胡沁园也是极有可能的，毕竟胡沁园的家就在竹冲韶塘。

胡沁园（1847—1914年），派名自倬，号汉槎、瀚槎，别号沁园居士，因排行第三，人称"寿三爷"，湖南湘潭竹冲韶塘人。清同治四年（1865年）生员，光绪年间监生，擅长书画，性情慷慨，喜交友朋，亦有书画收藏，书房名为"藕花吟馆"。

看胡沁园的成长经历，不难发现他在当时的湘潭，属于典型的乡绅阶层。中国地方社会的道德领导权，一般都是由拥有地产的儒家士绅阶层掌握。19世纪后半叶的湖南更是一个典型，此时的社会结构虽然正在默默发生着转变，中国的农业社会地基也在慢慢渗透着来自西方的工业化水泥，但是湖南仍旧倔强、保守。湖南的士绅乡绅们一方面紧紧抓住自己的经济权利抵御洋商，另一方面拼命抵制传教士削弱他们的道德权威，所以他们会禁止载有从英国返回家乡的郭嵩焘的船舶靠岸。

在齐白石的人生路上，养家糊口是其一生的重大使命。但是，他所成长的年代是中国封建社会的末期，又恰巧是湘军湘勇返回家乡，用军饷置地买田、为祸乡里的时间段，对于普通民众而言，连年不断的天灾人祸仍旧与呼吸相伴。所以，齐白石无论是做木工大器作，还是当雕花的芝木匠，抑或为乡间邻里画神像功对，都不能从根本上改变一家朝不保夕的生活状态。此时出现的寿三爷，可谓齐白石人生中的重要转折点。

齐白石按照约定，在赖家垄做完雕花的工作之后，就来到了韶塘胡家。齐白石到胡沁园家的那天，正好赶上爱好风雅的胡沁园在家中举办诗会，听说齐白石到了，胡沁园很高兴，便留下齐白石和他的诗友们一起吃午饭。当即齐白石在胡沁园的引荐下认识了胡家的教读老夫子，另一位湘潭名士陈少蕃。席间，贴心的胡沁园问齐白石是否愿意读书，可以拜陈老夫子为师。齐白石顾虑自己太穷，付不出学费，胡沁园又慷慨地说："我不是跟你说过，你就卖画养家！你的画，可以卖出钱来，别担忧！"这是第一次有人坚定地认为齐白石创作的画是可以卖钱的，其中包含的是胡沁园对齐白石的赏识、肯定和鼓励，同时也是胡沁园眼光独到、睿智的明证。此后的齐白石通过刻苦努力的绘画学习、湖湘文化背景的巨大支撑、鲜明的绘画天分，以及自己持续一生吃苦耐劳、勤奋积极的生活态度，成了让20世纪画坛为之一震的中国画巨擘。接着，齐白石还顾虑了自己年龄过大，不知道读书是否来得及，同样是胡沁园给予齐白石鼓励："你是读过《三字经》的！苏老泉，二十七，始发奋，读书籍。你今年二十七岁，何不学学苏老泉呢？"随后，陈少蕃也表示愿意支持齐白石的学业："你如果愿意读书，我不收你的学俸钱。"[1]席间众人都认为齐白石拜胡沁园和陈少蕃为师，以后一定会成名。午饭后，按照中国传统的拜师礼仪式，先拜过孔子，齐白石正式拜胡沁园和陈少蕃二位先生为师。

齐白石拜师之后，便真的住在胡沁园的家中。胡家

---

[1] 齐白石口述，张次溪笔录：《白石老人自传》，人民美术出版社，1962年，第31页。

均分产业时，胡沁园分到了他祖父胡亭午的亭午公祠左侧的一半，进门前横厅有"藕花吟馆"匾额，这里是胡沁园的会客厅，横厅外侧南向，有回廊相接长方天井，齐白石就曾经住在横堂第四间。[1]胡沁园与陈少蕃商量之后，为青年齐纯芝取了一个新的名字，单名"璜"，别号"濒生"，为题画之便又取别号"白石山人"，可见二位老师对齐白石极为看重、用心颇深。

陈少蕃老师针对齐白石的情况展开了因材施教的教学方法，他认为齐白石此时学习诗文已不是少小启蒙，亦非备考秀才，专业目标便是能够在绘画作品上题诗，于是建议齐白石去读《唐诗三百首》，并说："《唐诗三百首》雅俗共赏，从浅的说，入门很容易，从深的说，也可以钻研下去，俗语常说，熟读唐诗三百首，不会吟诗也会吟，这话不是完全没有道理的。诗的一道，本是易学难工，你能专心用功，一定很有成就。常言道，有志者，事竟成。又道，天下无难事，只怕有心人，天下事的难不难，就看你有心没心了！"[2]陈老师的一番话，齐白石到七十多岁仍旧记得如此清晰，可见对于齐白石影响之大，陈老师大概也看出老实巴交的齐白石是个有心人。齐白石小时候短暂的蒙馆生涯中，曾经读过《千家诗》，于是读《唐诗三百首》便很容易进

---

[1] 尹军：《半为知己半为师——齐白石与胡沁园交游述略》，见北京画院编：《齐白石师友六记》，广西师范大学出版社，2020年，第5页。
[2] 齐白石口述，张次溪笔录：《白石老人自传》，人民美术出版社，1962年，第31页。

入,但因为齐白石此时的识字量还是很有限的,《唐诗三百首》上有很多生字,于是他就用同音字标注在书页下端,常常温习。两个多月后,陈少蕃来检验齐白石的学习成果,随意抽查几首,齐白石全部能一字不落地背诵下来,陈少蕃大力称赞了齐白石:"你的天分,真了不起。"在齐白石的记忆中,陈少蕃教诗文,循序渐进,讲了读,读了背,背了写,齐白石明白了每一首诗的内涵与意蕴,便不会忘记,又能深切体悟到每一首诗文的不同魅力所在。此后,齐白石在陈少蕃的指引下读了《孟子》,随后也看过《聊斋志异》,老师还给齐白石讲过唐宋八大家的古文。此间,齐白石获益良多,同时也感受到了读书的乐趣。齐白石在后来的回忆中,关于陈少蕃仅是如上的一段文字,但是难能可贵的是,在齐白石疲于解决温饱问题的前半生和跌宕起伏的后半生中,难得看到"乐"或者"乐趣"二字。而齐白石在随陈少蕃学习诗文、读书过程中,却又乐在其中,当属齐白石的人生中最珍贵的美好记忆了。陈少蕃对于齐白石而言,是引领他找到读书门径的重要老师。另外,关于陈少蕃,齐白石回忆,胡沁园和陈少蕃都是写何绍基一体的字,齐白石其间也跟随学习。目前在齐白石相关的文物中,尚未见到陈少蕃的真迹,只是在后来众人为齐白石的《借山吟馆图》题跋中,有一段来自陈少蕃的诗文,却为黎鲽庵代题:

邮亭客去付悠悠,战伐乾坤几历秋。
满地青山无可买,未妨云外作巢由。

幽栖同是卧松云，洞口琴尊日屡曛。
　　但得诗情无限好，华山风月许平分。
　　寄园仁弟属题，友人陈作埙。光绪壬寅首夏，鲽弇福书。

陈少蕃诗文落款的光绪壬寅年，为1902年，此时距离齐白石拜师胡、陈二人，已经过去十多年，齐白石逐渐自己创作绘画、作诗，想来此时的陈少蕃老师，看到齐白石的《借山吟馆图》，或听闻齐白石在外的声名，应当也是很欣慰的。应在此之间，齐白石还曾多次拜晤过陈少蕃夫子，在《寄园诗草》[1]中有关于陈少蕃的诗文：

　　十里疏林冒雪来，梅花香处席门开。
　　诗心乱茁如春草，愿借东风一剪裁。
　　（记得立雪拜禅居公见赠有"树里禅庵梦里荒"之句，回首光阴七载虚。）
　　安得神人施慧剑，梦中剖腹纳诗书。[2]

　　　画梅赠少蕃夫子
　　冰心玉骨雪肌肤，春占江南是此株。
　　持赠先生消息好，莫教幽奥寄林逋。[3]

---

[1] 《寄园诗草》收录了齐白石1889至1920年之间的诗文。
[2] 北京画院编：《人生若寄——北京画院藏齐白石手稿（诗稿·上）》，广西美术出版社，2013年，第32页。
[3] 同上。

> 晴雪。喜少蕃夫子见过
> 犬吠柴门报小童，吟边开瓮忽逢公。
> 问奇幸喜杨雄过，乐道何忧颜子穷。
> 雪暮浮山寒白屋，春来桃李动东风。
> 笑谈千古凭良夜，小火泥炉酒一盅。①

另外，在1919年的《己未日记》中，齐白石于七月十四日和八月十一日，均记述了"因少蕃师叙诗事"。②

跟随陈少蕃学习诗文的同时，齐白石主要随胡沁园学习绘画。胡沁园是个神奇的乡绅（图10-1），在我们检索胡沁园传世的绘画作品时，会发现在偏远的湖南湘潭竹冲韶塘，有个名不见经传的乡绅，他的绘画技艺超群出众。凡为人师者，都是当时在某一领域有一定建树之人。而胡沁园，便是对齐白石的人生有再造之功的恩师。

现藏在北京画院的《齐白石年谱》③手稿上，黎锦熙④

---

① 北京画院编：《人生若寄——北京画院藏齐白石手稿（诗稿·上）》，广西美术出版社，2013年，第52—53页。
② 北京画院编：《人生若寄——北京画院藏齐白石手稿（日记·上）》，广西美术出版社，2013年，第194页、第195页。
③ 这份《齐白石年谱》依据齐白石自述，由胡适、黎锦熙、邓广铭三人合编，1949年由商务印书馆出版，年谱手稿现藏北京画院。该年谱起于同治二年（1863年），止于1948年。
④ 黎锦熙（1890—1978年），湖南湘潭人，黎松庵之子，汉语言文字学家、词典编纂家、文字改革家、教育家，九三学社创始人之一。因同乡之谊，与齐白石交往颇深。1949年出版的《齐白石年谱》中大多按语由黎锦熙完成，使齐白石交往中的湖南友朋与湖南故事更为真切。

图 10-1　齐白石　沁园夫子五十岁小像　纸本设色　65.3cm×37.5cm
1896 年　辽宁省博物馆藏

对于胡沁园部分的按语为:"沁园是韶塘胡家,胡家多良田,善经营,惟沁园家不富裕,专事提倡风雅,奖掖后进。藏名人书画至多。辟小园,名藕花吟馆。"①短短几十字,将胡沁园介绍得十分清晰。其中,几个关键点均与齐白石产生了重要交集,提倡风雅、奖掖后进、藏名人字画至多,善画喜交游的胡沁园,不收齐白石学费,并让他居住在自己家学习,同时还常拿出珍藏的名人字画给齐白石欣赏。但黎锦熙也分明写道,胡沁园家并不富裕,可见胡沁园的提倡风雅与奖掖后进,实属真情所致,这也应该是齐白石一生感念胡沁园师恩的主要原因。晚清,社会动荡、民不聊生,齐白石却在胡沁园家找到了人生的第一片桃花源,藕花吟馆里的齐白石不仅有陈少蕃带来的读书的乐趣,更有胡沁园手把手教授花鸟画,还能在湖南湘潭竹冲韶塘看到名人字画,贫苦出身的齐白石真的很幸福。当然,以当下的眼光看,胡沁园也很幸福,19世纪末湖南湘潭的胡沁园因为收齐白石为徒,便在晚清中国众多乡绅中脱颖而出,增加了一个身份——著名画家齐白石的恩师,从此胡沁园这个名字走出湘潭,走入齐白石研究学者的视野里,也逐渐走出湖南乡绅的单纯身份。另外,在中国传统绘画领域,历朝历代丹青圣手辈出、经典作品源源不断涌现,胡沁园若非慧眼识珠,成为齐白石的恩师,他的绘画作品恐怕也少为人识。

---

① 王明明编:《北京画院藏齐白石全集》(综合卷),文化艺术出版社,2010年,第243页。

传世的胡沁园绘画作品，以工笔花鸟画居多。现藏辽宁省博物馆的胡沁园花鸟册页，足以代表胡沁园精湛的绘画技艺。一开《牡丹图》，细细的花枝弯向画面左上方，花朵绽放，花瓣层层叠叠，每一层花瓣都设色细密，使得每一片花瓣的姿态都很鲜活。另外两开《花鸟》图，鸟儿神气活现，败叶与枯枝构成的深秋，鲜花与春柳演绎的春景，都在胡沁园笔下熠熠生辉。同样藏于辽宁省博物馆的《月季鹌鹑图》（图10-2）是一幅绢本设色作品，圆形的团扇纵向对折的画面右侧构图上，鹌鹑卧于月季花枝下，两朵没骨晕染的月季花绽放了，另有

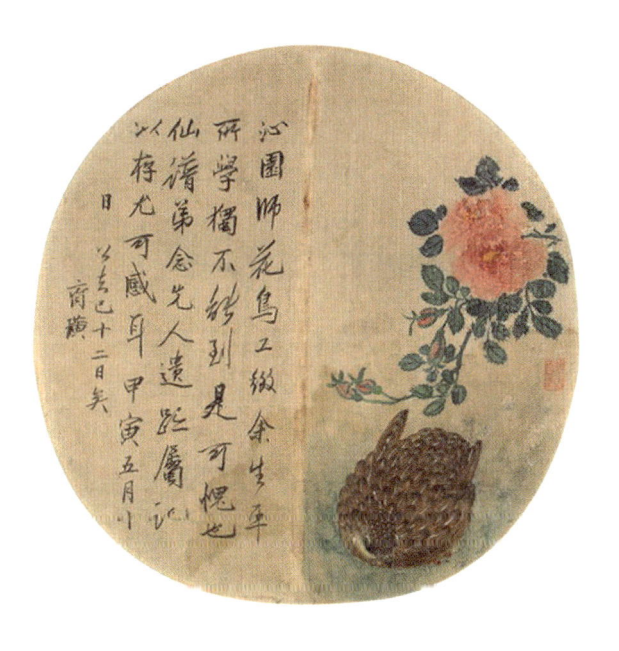

*
图10-2　胡沁园　月季鹌鹑图　绢本设色　25.5cm×25.8cm
辽宁省博物馆藏

几朵含苞花蕾与花叶相伴，花瓣与花蕊、花蕾与花枝自然而有生机，娇艳而不媚俗。花枝下的鹌鹑翎毛羽翅根根细密，勾线设色极为精致。画面左侧是齐白石的题跋：

  沁园师花鸟工致，余生平所学独不能到，是可愧也。仙谱弟念仙人遗迹，属记以存，尤可感耳。
  甲寅五月十日，公去已十二日矣。
  齐璜

另一幅藏于辽宁省博物馆的《鹌鹑图》（图10-3）是一幅纸本线描稿，鹌鹑的造型与《月季鹌鹑图》大同小异。齐白石对此画也有一段跋文：

图10-3　胡沁园　鹌鹑图　纸本墨笔　35cm×25.5cm　辽宁省博物馆藏

此先师胡沁园手钩稿,璜宝之廿余年矣,从不
示人。今冬阿龙世侄来京华,酒酣话旧,检此归
之。白石老矣,余愿阿龙绳武勿堕。
一九五三年冬璜记。
璜即白石也。又记。

胡沁园另有一幅《金鱼图》,形式与《月季鹌鹑图》相类,设色浅淡的水草作为背景,红色金鱼和白色金鱼上下分置,红色金鱼的鱼尾和鱼鳍描绘得十分精妙。画幅右侧则是一段来自黎松庵的跋文,落款"甲辰秋日"(1904年)。除工笔花鸟外,胡沁园也有水墨写意画传世,现藏北京画院的《草蟹图》(图10-4)和《虾》(图10-5),看画面,虽不及其工笔花鸟画精致传神,但也可以看出其中意趣。在以上作品中,仅有《虾》画幅上有胡沁园的亲笔落款"沁园主人戏笔",壬午年是为1882年,此时35岁的胡沁园还未曾见到18岁的齐白石。

在齐白石的口述中,胡沁园教授齐白石的是工笔花鸟草虫。胡沁园常常对齐白石说:"石要瘦,树要曲,鸟要活,手要熟。立意、布局、用笔、设色,式式要有法度,处处要合规矩,才能画成一幅好画。"[1]胡沁园拿出珍藏的古今名人字画,给齐白石看,让他仔细观摩。在胡沁园为数不多传世的绘画作品中,事实上很难找到齐白石与老师

---

[1] 齐白石口述,张次溪笔录:《白石老人自传》,人民美术出版社,1962年,第32页。

*

图10-4 胡沁园 草蟹图 纸本墨笔 47cm×32cm
北京画院藏

图 10-5　胡沁园　虾　纸本墨笔　32cm×26cm　1882 年
北京画院藏

胡沁园在技法和风格上的师承关系。有趣的是，能够代表胡沁园绘画水准的工笔花鸟画大都藏在辽宁省博物馆，而传世的两幅写意画则藏于北京画院，北京画院的齐白石藏品大多出自齐白石自藏。胡沁园《草蟹图》上，齐白石在画幅左侧题有："此帧乃沁园师所作，白石补记珍藏。"胡沁园的《草蟹图》与《虾》，在题材上与画技成熟后的齐白石常做的题材相吻合，但齐白石的技法与意境已然远远超出胡沁园，不仅仅是出蓝之势可以涵盖。

相比起真正的绘画技艺学习，齐白石对胡沁园的感恩之情可能是绘画之外的更多其他元素。首先，在清末，一贫如洗的齐白石从来不属于胡沁园所在的财主阶层，更不属于乡绅阶层，而胡沁园因赏识齐白石的才华，免收学费，邀其住在自己家中学习绘画，齐白石感恩于打破阶层壁垒后胡沁园赐予他的自信。晚清中国可以使贫寒子弟出人头地的主要方式——科举——逐渐消亡，平民百姓家的读书子弟再也没有办法通过这种看似最为公平、公正、公开的方式做官、养家、糊口。于是，传统的师徒相传的拜师形式又一次成了师出有名的主流方式。齐白石恰如其分地在这一时间遇到乡绅胡沁园，一切安排都让齐白石显得那么走运。

其次，胡沁园不仅自己教齐白石画画，更引荐陈少蕃教授齐白石诗文，让齐白石感受到读书的乐趣；介绍他的朋友谭荔生教齐白石山水画，意欲把齐白石培养成诗书画全才。在胡沁园家居住时，他还让齐白石跟随萧芗陔师傅学习裱画，胡沁园曾对齐白石说："濒生，你也可以学学！你是一个画家，学会了，装裱自己的东西，就透着方便些。给人家做做活，也可以作为副业谋生。[1]"齐白石跟随萧师傅，不仅学会了装裱新画，还学会了揭裱旧画。

再次，在齐白石的记忆中，在此期间齐白石画了画，都是胡沁园过目后在画上题诗，并强调齐白石一定要学会作诗，在一次赏花赋诗的集会上，胡沁园称赞了齐白石的诗句"莫羡牡丹称富贵，却输梨菊有余甘"，胡沁园的此次赞誉，引来胡家亲朋的关注，后来这些人逐渐都成为齐白石的至交好友，无形中胡沁园极大程度上提升了齐白石的交游层面。从此，齐白石认识的不再只是齐姓友朋、木匠师傅、雕花雇主，而是在胡沁园赞誉声中认识他、赏识他，并能帮助他的朋友，正如齐白石所言："我在胡家，读书学画，有吃有住，心境安适得很，眼界也开阔多了。"在湖南成为齐白石成长臂膀的黎松庵、王仲言、黎丹、黎薇荪、黎鲽庵、胡光、谭延闿、罗醒吾等人，都是齐白石拜入胡沁园门下后结识的湖南湘潭一带的有识之士，他们纷纷成为齐白石诗文、绘画、篆刻等领域的重要友朋。

最后，齐白石一生都在为谋生而奋斗，养活全家老小的重任压在肩头，一刻都不曾懈怠，而这一条以画画和卖画为主的谋生之路，正是胡沁园为齐白石指明的，齐白石在回忆中觉得胡沁园所言"卖画养家"这句话，确实是既方便又实惠。于是，齐白石开始画像描容、画山水、画草虫，再后来画花鸟、画水族，一切都是按照

---

[1] 齐白石口述，张次溪笔录：《白石老人自传》，人民美术出版社，1962年，第36页。

胡沁园指明的人生道路发展的，而且最终齐白石不仅能够养家糊口，还成了享誉世界的大画家。齐白石最为感恩的便是胡沁园的慧眼识珠。

若可将人生路上的贵人分为雪中送炭和锦上添花两种类型，齐白石心目中的恩师胡沁园绝对是雪中送炭的贵人，一路将齐白石的人生推上光明大道。齐白石一生都在追忆对胡沁园的感恩之情。

自1889年结识胡沁园，至1914年胡沁园辞世，二十多年间，齐白石与胡沁园交往密切。胡沁园过生日，齐白石的贺寿礼必须是一幅拿得出手的画作，现藏辽宁省博物馆的《三公百寿图》（图10-6）上，齐白石为"三相公""寿三爷"画了三只大公鸡、一棵松树，画幅左侧题款："三公百寿图　沁园夫子大人五秩之庆，受业齐璜。"五十岁生日，收到爱徒大尺幅的画作，胡沁园足以欣慰。在同样藏于辽宁省博物馆的齐白石山水条屏（图10-7）上，齐白石落款："汉槎父子大人之命，受业齐璜。"另有著名的齐白石《华山图》（图10-8），1903年3月齐白石随夏午诒从西安北上北京，路过华阴县时登上万岁楼，华山美景尽收眼底，齐白石曾为胡沁园作画《华山图》，并题：

> 看山需（上）最高楼，胜地（重）经且莫愁。
> 碑石火残存五岳，树名人识过青牛。
> （日）晴金掌输山色，云近黄河学水流。
> 归卧南衡对图画，刊文还笑梦中游。
> 沁公夫子大人教，门下齐璜。

＊

图 10-6　齐白石　三公百寿图　纸本设色　90.6cm×176.9cm　1896 年　辽宁省博物馆藏

齐白石在题款后钤上了朱文"臣璜之印",画幅右侧边缘,华山缭绕的云海处,有一枚白文印章"沁园珍赏"。1903 年,胡沁园已近暮年,齐白石正在胡沁园为其指明的"卖画谋生"的道路上不断探索、埋头苦干,当不善山水的胡沁园看到这幅华山景象的山水画时,远景的华山与云雾,中景的树丛与草地,近景的万岁楼,一遍遍欣赏下来,盖上一枚"沁园珍赏"的白文印章,当是胡沁园对齐白石才华卓越的慨叹,也是对自己慧眼识珠的再次肯定。

在胡沁园五十岁寿诞时,齐白石为胡沁园绘制了一幅画像(图 10-1,见 129 页)。五年后的 1901 年,齐白石达为沁园帅母绘制了肖像(图 10-9)。两幅画像尺幅相近,绘制精细,设色浅淡,二人面部均在传统人像描绘技法的基础上用到新式擦碳法。画像上胡沁园右手持兰花,有沁园夫子风雅高洁之意,沁园师母右手持灵芝,

图 10-7　齐白石　山水条屏　纸本设色
94cm×19.5cm　辽宁省博物馆藏

图 10-8 齐白石 华山图 绢本设色 26cm×24cm 1903 年
辽宁省博物馆藏

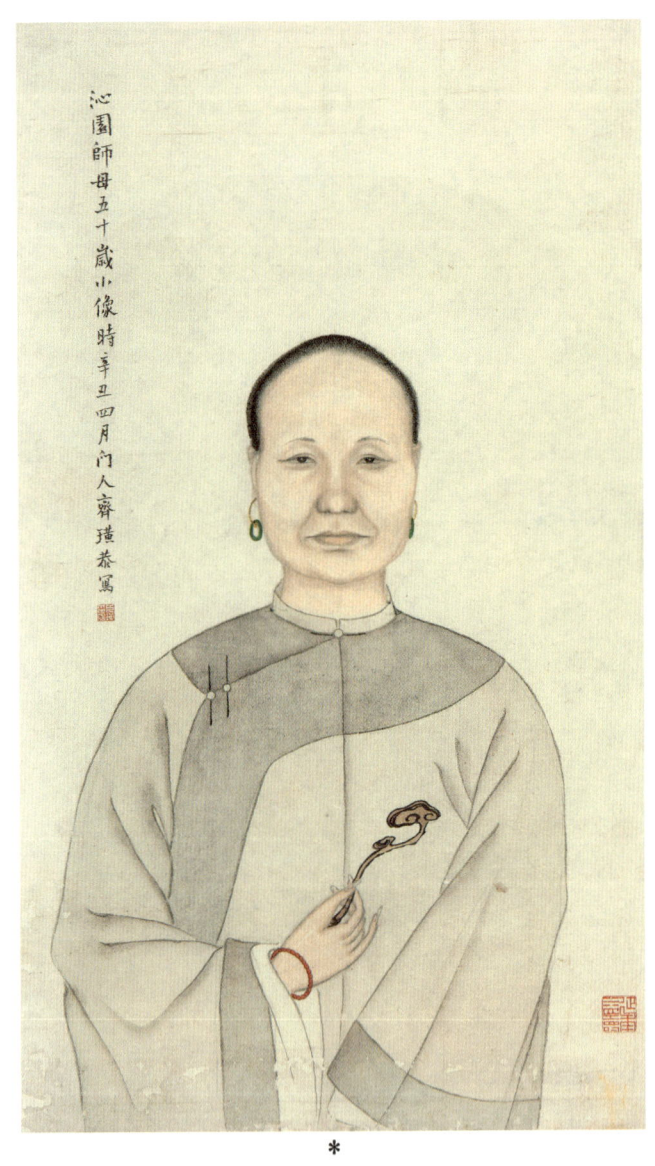

图 10-9 齐白石 沁园师母五十岁小像 纸本设色 63.3cm×37.7cm 1901年
辽宁省博物馆藏

寄予吉祥康泰之意。胡沁园面部表情严肃中透露出宽厚，沁园师母则端庄中蕴含贤淑。这两幅人像写真在齐白石众多人像作品中，当属最为雅致。

1914年夏四月，齐白石的六弟纯楚病了一年多之后死了，齐白石十分难过，写了两首悼亡诗。到了端午节，齐白石写信派人送去韶塘给胡沁园，送信的人匆匆赶回来，告诉齐白石，胡沁园已经去世七天了。此后老年的齐白石回忆道：

> 我听了，心里头顿时像小刀子乱扎似的，说不出有多大痛苦。他老人家不但是我的恩师，也可以说是我生平第一知己，我今日略有成就，饮水思源，都是出于他老人家的栽培。一别千古，我怎能抑制得住满腔的悲思呢？我参酌旧稿，画了二十多幅画，都是他老人家生前赏识过的，我亲自动手裱好，装在亲自糊扎的纸箱内，在他灵前焚化。同时又做了七言绝句十四首，又做了一篇祭文，一幅（副）挽联，联道："衣钵信真传，三绝不愁知己少；功名应无分，一生长笑折腰卑。"这幅（副）联语，虽说挽的是沁园师，实在是我的自况。[①]

齐白石真心实意地悲痛，此后余生齐白石每每念及胡沁园的恩情，都会有一番感慨。齐白石作诗《哭沁园师》：

[①] 齐白石口述，张次溪笔录：《白石老人自传》，人民美术出版社，1962年，第63—64页。

榴花欲着荷花发,闻道乘鸾拥旆旌。
我正多忧复多病,暗风吹雨扑孤檠。
去冬今夏,儿死弟亡。
此生遗恨独心知,小住兼旬耐旧时。
书问尚呈初五日,转交犹寄石门诗。
五月五日遣人奉书,人返报公去世已七日矣。①

齐白石的十四首悼念诗文,寄托着齐白石的哀思,也当是对胡沁园嘱咐他认真学习作诗的最终答卷:

闲随竹杖惊鱼散,静对银瓯听鸟哗。
梦也解寻行惯路,园亭池畔怯看花。

平生我最轻流俗,得谤由来公独知。
成就聪明总孤(辜)负,授书不忘藕花池。

穷来犹悔执鞭迟,白发恒饥怨阿谁。
自笑良家佳子弟,被公引诱学吟诗。
(樊鲽翁先生有友人尝谓曰:"吾辈从今而后绝勿引诱良家子弟作诗填词。")

苏家席上无门下,因喜停车长者风。
难得扫除无习气,称呼随众曰萍翁。

---

① 北京画院编:《人生若寄——北京画院藏齐白石手稿(诗稿·上)》,广西美术出版社,2013年,第111页。

忌世疏狂死不删，素轻余子岂相关。
韶塘以外无游地，此后人谁念借山。

兴来嬉笑即挥毫（公有"满堂儿女一孤人"之句），上口清茶胜浊醪。
我亦孤人无地着，纺车如海间儿号。

诸侯宾客旧相违，四十离乡归复归。
一事对公真不愧，散人长揖未为非。

初逢事若乍同欢，兴极看梅雪不寒。
一瞬卅年吾亦老，残躯六月怯衣单。

往迎车使礼荒唐，喜得春风度草堂。
五百年来无此客，入门先问读书房。

老来不足是吟哦，百事心灰两鬓皤。
青案乌丝遗稿在，好诗应有鬼神呵。

廿七读书年已中，愿余流亚蠹鱼虫。
先生去矣休欢喜，懒也无人管阿侬。

学书乖忌能精骂，作画新奇便誉词。
唯有莫年恩并厚，半为知己半为师。[1]

---

[1] 北京画院编：《人生若寄——北京画院藏齐白石手稿（诗稿·上）》，广西美术出版社，2013年版，第111—115页。

悼念胡沁园逝世的诗文，在齐白石诗文学习的历程中，是学习成果的汇报，更是齐白石对胡沁园知遇之恩的报答。事实上，齐白石在遇到胡沁园的一刻，他的命运便开始转变，以齐白石的智慧和品格，必然感念一生。此后，齐白石还曾多次题诗怀念恩师：

题后二绝句
十年不见槐翁面，今日还看壁上诗。
三雅（谓沁园师）门生同甲子，清霜早上鬓边丝。
市隐大难清静福，但闻蛮语忽风雷。
故人腰足如牛马，此去京华十五回。

看梅怀沁园师
闻道韶塘似昔年，老翁行处总凄然。
长途风雪泥炉酒，谁为梅花醉似颠。
三十年前不识寒，沁园堆雪捏狮看。
如今觉得风增冷，正有梅时怯倚栏。

过沁园呈汉查夫子
梅花香处沁园东，深雪停车立晚风。
愧我无长知己少，羡公三绝古人同。
事经挫折行弥慎，诗有牢骚句欠工。
客里侯芭应有梦，梦携诗稿拜杨雄。

　　　　过沁园访仙谱
　　用意东风着色匀，寻芳人过沁园频。
　　枝头鸟识山林乐，梢上花含富贵春。
　　访旧记当三月暮，论交已自十年亲。
　　师门阔别情难遣，且喜重来岁序新。

　　齐白石的诗歌，没有六朝唐代的妍丽之风，更没有老夫子的学究气，正是一股子接近泥土的朴实气质，吸引着读者。齐白石也用这种朴实无华的言语和纯真自然的情谊怀念着胡沁园。"师门阔别情难遣"是齐白石对恩师的真情，"纵有逢迎知己难"则是齐白石走向更广阔的天地时的感慨，所以齐白石对胡沁园最感念的便是"半为知己半为师"，人生一世有师易，有知己何其难。

诗品丹青杜子美,书宗科斗李阳冰。
龙山七子皆年少,衣马何须羡五陵。

——齐白石《寄园诗草》

第十一章

乡土文艺青年

在胡沁园的指引下，齐白石此后的糊口之计主要是依靠卖画。光绪十六年至光绪二十年的五年间（1890—1894年），齐白石往来于杏子坞与韶塘一带。虽然胡沁园对于齐白石的画像能力大力推荐，但是齐白石一开始从事画像的时候，家境依然不宽裕，只是相比较自己的几个弟弟，齐白石体现出了不同的职业身份。齐白石是家中的长子，下有五个弟弟和三个妹妹，至1888年，齐白石家中共有14口人，巨大的生计压力，导致家中每一个具有劳动能力的人都必须从事劳作。齐白石在外做工，此时已经开始画像生涯，齐白石的二弟纯松跟随父亲下田耕作，三弟纯藻在一所道观烧煮茶饭，其他大一些的弟妹也牧牛、砍柴。如此，一家人中只有齐白石在暗暗努力，为自己的谋生方式探寻出路，并且不断进阶。在几千万普通中国人为谋生糊口而苦恼的时候，齐白石一路将自己打造成木匠、画像师、画家、人民艺术家，当糊口不再成为难事，手艺成为事业的时候，齐白石便与他最根本的湖南湘潭农民的身份越走越远。

自从结识胡沁园，齐白石从雕花木匠正式转变为画像师。几年间，乡里人都知道芝木匠转行做了画匠，说齐白石画像的技艺比雕花手艺还好。齐白石的画像生意越来越多，收入也越来越多，全家人凭借齐白石的这门手艺，生活逐渐出现转机，齐白石印象中母亲皱了半辈子的眉头放开了，连同祖母也笑着说："阿芝，你倒没有亏负了这支笔，从前我说过，哪见文章锅里煮，现在我看见你的画，却在锅里煮了！"齐白石看祖母开心，就画了几幅画挂在简陋的老屋中，还写了一幅横幅"甑屋"，这便是1923年齐白石再题"甑屋"二字的前身。后来齐白石还给自己刻了朱文印章"甑屋"（图11-1），以示纪念。当时齐白石题字的寓意在于可以果腹，不至于像以前锅里空空的了。

*
图11-1　齐白石　甑屋　朱文　2.8cm×2.8cm×6.3cm
北京画院藏

此时大约是1892年，齐白石不仅画像，还可以画山水人物、花鸟草虫，尤其是仕女画，成了齐白石此时绘画方面的长项。齐白石的仕女画逐渐受到乡里人的喜爱，三天两头有人找齐白石要仕女画，齐白石常常画西施、洛神一类，也有人要细致的点景配合仕女像，例如木兰从军、文姬归汉等题材。看过齐白石仕女画的人都觉得齐白石画得很美，于是大家都开玩笑称齐白石为"齐美人"。齐白石传世的诸多绘画作品中，以花卉、草虫、禽鸟、山水著名，齐白石的仕女画则少为人知。《红线盗盒》是齐白石传世仕女画中的一个主要题材，现藏上海中国画院的齐白石《红线盗盒》绘制于1899年，属于齐白石早期仕女画中的代表。"红线"是中国古代传说中的侠女，唐代潞州节度使薛嵩的青衣，善弹阮，又通经文，后曾掌笺表。"红线盗盒"是围绕侠女红线展开的传说故事，魏博节度使田承嗣欲吞并潞州节度使薛嵩之地，薛嵩甚为忧虑。薛嵩侍儿红线会剑术，自告奋勇往田承嗣处探听，给予警告。恰遇田承嗣睡卧，红线想要行刺田承嗣，后改盗田承嗣金盒返回。田承嗣派兵追红线，又被红线打败。红线将金盒献给薛嵩，薛嵩修函附盒还给田承嗣。田承嗣大惊，知薛嵩部有强将，并非敌手，便与薛嵩修好。据学者考证，最早以"红线盗盒"入画的是晚清画家费丹旭，他于1839年绘制了《红线盗盒》扇面[①]，画面上的侠女红线已经盗得金盒，腰间佩剑，身后有远方的城池。齐白石1899年绘制的《红线盗盒》与费丹旭扇面极为相似，但齐白石舍弃城池，直接将红线置于云雾之中，赋予侠女一身仙气。画面上的红线右手举起金盒，身背宝剑，神情怡然自得，瞥向画面右下方的眼神中带有一丝娇羞。此时齐白石笔下的红线衣着鲜艳，以红黄蓝设色。此后，齐白石常常绘制《红线盗盒》，现藏北京画院的《红线盗盒》（图11-2）以水墨绘制，红线宛若天女从天飞降，抑或仍在天空飞翔，传说中的红线成了神话中的红线，画幅上齐白石的墨线更加恣意，红线则一脸自信与恬淡。两个时期所绘红线的面部表情，又何尝不是齐白石不同人生阶段的心理反射。当然，前者是为齐白石效仿前人亦步亦趋的学习阶段，后者则已经形成自我风格，画风及用线豪放不羁。

---

① 吕晓：《下笔如神在写真——齐白石早期人物画研究》，见北京画院编：《齐白石研究》（第七辑），广西师范大学出版社，2019年，第127页。

图 11-2　齐白石　红线盗盒　纸本墨笔
129cm×33cm　北京画院藏

除《红线盗盒》外，齐白石还曾画过《西施浣纱图》《麻姑进酿图》等。此后很长一段时间，齐白石都在从事仕女画创作，以维持生计。1903年《癸卯日记》中，齐白石在教授夏午诒的如夫人作画时，曾多次画仕女图，"十四日……为午诒画文姬像""十五日，午诒考差，余为画招（昭）君像，午后课无双画""十七日，为午诒画美人""廿日，小病将起，为午诒画《管夫人出猎图》，美绝。课无双画"①。仅1903年5月间，四次画仕女像。可见，齐白石此时间仍可以仕女画换得糊口之资。

后来，当齐白石回忆起当时的仕女画，论及笔法"并不十分高明"，毕竟地域有限，乡里人的眼界更加有限，大家光知道表面好看，家乡又没有比齐白石画得更好的人，于是"齐美人"就算是独步一时了。民间常言："蜀中无大将，廖化作先锋"，齐白石常用此句自谦。当然，事情不可能总是那么皆大欢喜，乡里人有一部分势利眼，觉得齐白石是木匠出身，便瞧不起他，要齐白石画画却不让齐白石题款，齐白石心里明白，他们看得上齐白石的画，却因齐白石算不上所谓的斯文人，于是便不配题风雅之画。齐白石心里觉得他们可笑得很，内心的骄傲实在不愿意给他们画画，但是迫于生计压力，齐白石只能姑且收起骄傲，收下画资继续作画。今天看来，那些曾经不许齐白石题款的人，应当是后悔极了，齐白石用一生的努力，给了这些势利眼有力的一击。

---

① 北京画院编：《人生若寄——北京画院藏齐白石手稿（日记·上）》，广西美术出版社，2013年，第65—67页。

在得遇恩师胡沁园之后，齐白石最明显的转变是职业身份的变化，有一股无形的力量在改变齐白石的身份阶层，这便是得益于胡沁园的赏识，齐白石逐渐闯入湖南湘潭白石铺与韶塘地域之间的乡绅文化圈。首先，齐白石认识了胡沁园的外甥黎丹[1]，黎丹曾经在齐白石十分困顿的时候拜访家住白石铺的齐白石，并住在齐白石家。因太过穷困，齐白石家里没有灯油，二人烧了松枝，与黎丹夜谈诗文，后来黎丹还曾赠送齐白石信笺，督促齐白石与其通信。另一位则是胡沁园的亲戚王训[2]，齐白石借来王训家中的白香山《长庆集》，白天在外做工画画，晚上才能回家看书，仍旧是在没有灯油的情况下，点燃松枝，借着柴火的亮光，读完了《长庆集》。晚年齐白石回忆起这一段过往，曾作诗《往事示儿辈》以示怀念：

    村书无角宿缘迟，廿七年华始有师。
    灯盏无油何害事，自烧松火读唐诗。
    余少苦贫，二十七岁始得胡沁园、陈少蕃二师。王仲言社弟，友兼师也。朝为木工，夜则以松火读书。[3]

---

[1] 黎丹（1865—1938年），字雨民，湖南湘潭人，在西北为官近二十年，致力于青海经营，维护西藏主权。齐白石曾为黎丹母亲绘制《黎夫人像》。
[2] 王训，字仲言，后与齐白石成为儿女亲家。
[3] 北京画院编：《人生若寄——北京画院藏齐白石手稿（诗稿·下）》，广西美术出版社，2013年，第476页。

诗中的"廿七年华始有师"是指胡沁园,"自烧松火读唐诗"一句蕴含了齐白石学习之路坎坷,而"灯盏无油何害事"是齐白石作为湖南人坚韧不拔的气质,虽然齐白石感慨自己"村书无角宿缘迟",但一生为读书和学画付诸的努力,最终都得到回报。至1894年,家住长塘的黎松安[①]请齐白石为故去的父亲画像,于是齐白石便在黎松安家暂住,恰巧故友王仲言在黎松安家里教家馆,朋友三人便聚在一起。齐白石的眼里,长塘的风景是很美丽的,"长塘在罗山的山脚下,杉溪的后面,溪水从白竹坳来,风景很幽美[②]"。在黎松安家居住期间,齐白石见到了会画几笔山水画的松安祖父,并看到了松安祖父收藏的名人字画,临摹了几幅。齐白石不曾放过任何学习的机会。

　　齐白石通过胡沁园结识的一众朋友,知道齐白石和王仲言都在黎松安家,就常常前来相叙。王仲言提议组织一个诗会,约定的集会地点在白泉棠花村罗真吾、罗醒吾兄弟家中,罗真吾名天用,罗醒吾名天觉,是胡沁园的侄婿,他们都与齐白石是好朋友。诗会开始仅有四五个人,不限时间随机集会,谈诗论文,雅集的内容也会涉及字画篆刻、音乐歌唱,大家每每情致盎然。到了这一年的夏天,经过诗会成员的讨论,决定正式成立

[①] 黎松安(1870—1952年),名培鑾,又名德恂,是黎雨民的本家,黎锦熙的父亲。
[②] 齐白石口述,张次溪笔录:《白石老人自传》,人民美术出版社,1962年,第36页。

一个诗社，社址选定在五龙山的大杰寺内，因而取名龙山诗社。五龙山在中路铺白泉的北边，距离罗真吾和罗醒吾兄弟所住的棠花村很近。诗社的成员也由四五人扩大到七人：齐白石、王仲言、罗真吾、罗醒吾、陈茯根、谭子荃、胡立三[①]，于是"龙山七子"正式确立。这些齐白石的新朋友，论及读书的功底，都要比齐白石强得多，作诗的功夫也比齐白石深，由于这些新朋友都出身于湘潭当地的富庶人家，从小衣食无忧，在晚清仍有科举机会的时候，他们读书的最终目标是考取功名。而齐白石却完全不同，他读书的原动力则是喜爱，更重要的是，齐白石潜意识中知道读书或许可以改变他的命运，但是齐白石读书完全不关乎"功名"二字。于是，齐白石发现，诗会或诗社中的成员，大多为了应试起见，对诗帖有相当研究，都曾下苦功夫揣摩过。诗会活动中，齐白石逐渐觉察出新朋友们的诗文大致具备了工稳妥帖、圆转得体、拘泥板滞和不见生气的特点。齐白石的作诗基础和出发点则与新朋友们完全不同，他反对死板无生气，讲究作诗要有灵性，书写胸中所想、眼中所见。与新朋友们相比，使用典故、讲究声律，齐白石比不上，但若说陶冶性情、歌咏自然的句子，新朋友们则不一定比得过齐白石。但不论怎样，齐白石这个在外祖父学馆中蹭课八个月学历的青年，凭借着自己的不断努力和上天给予的机会，成功转身，变成了一个乡土文艺青年。

[①] 胡立三，胡沁园的侄子。在《齐白石年谱》黎锦熙按语中有："谭子荃是罗真吾的内兄。胡立三是竹冲胡家的，时为乡绅。"

诗社成立后，大家推举齐白石当社长，齐白石以为是新朋友们的玩笑话，坚辞不就。王仲言的一番话化解了齐白石的心结："濒生，你太固执了！我们是论齿，七人中，年纪是你最大，你不当，是谁当了好呢？我们都是熟人，社长不过应个名而已，你还客气什么？"大家都附和王仲言的话，齐白石应允下来，从此"乡土文艺青年"有了个经过朋友们印证的名号"龙山社长"。齐白石对于龙山诗社的经历终生难忘。如果说陈少蕃是正式引领齐白石学诗的老师，那么龙山诗社应当是齐白石诗文创作的一个正式起点。居京华多年后的一次北海雅集时，齐白石仍旧想起了龙山诗社和龙山社友：

> 异乡无物不消魂，四顾荒凉一客身。
> 北海荷枯秋又尽，满城蛮语冷无闻。
> 乱飞高下初归鸟，一角西南旧夕曛。
> （余家在西南方。）
> 此日龙山如忆我（谓龙山社友），故人登望泪沾巾。[1]

齐白石在《王仲言次韵丁德华避兵诗寄余，余即书后》有言："余少时有龙山诗社，社中凡七人，时人呼为七子。"[2]另外齐白石在《寄园日记》中，用诗文记述了

---

[1] 北京画院编：《人生若寄——北京画院藏齐白石手稿（诗稿·下）》，广西美术出版社，2013年，第486页。
[2] 北京画院编：《人生若寄——北京画院藏齐白石手稿（诗稿·上）》，广西美术出版社，2013年，第237页。

自己癸卯年（1903年）回到家乡登上竹霞洞岩：

次韵品老见赠，有补癸卯还家，复登竹霞洞岩。
竹霞洞在邑城西南一百里晓霞山下。余癸卯还家，尚借山于洞口周人祠堂屋居焉。

故国西风菊影闲，鬓丝禅榻梦须还。
儿童相见称生客，明镜高堂非旧颜。
万里离情衣上泪，十年遭遇画中山。
余有纪游三十二图。

不移一室熏香坐，蛮语柴扉昼自关。
岩石登临接翠枝，欲镌心记惜无诗。
坑余断简疏同学，溪上飞花有所思。
白社钟声僧佛在（龙山诗社在邑城西南八十里五龙山，借僧寺之清静为吟社也。），莫（暮）云天远简书迟。
社友罗三羲、陈二节皆出日游学。王二训客三（山）东，黎松庵培銮客上海，余由长安转京师始归。
勿因败兴吟情尽，自过和戎庚子时。[1]

---

[1] 北京画院编：《人生若寄——北京画院藏齐白石手稿（日记·上）》，广西美术出版社，2013年，第87—89页。

诗文中，齐白石清晰记述了龙山诗社的社址，并且详细陈述了此时龙山诗社成员的状况。用一首自作诗文来纪念自己作为龙山诗社成员的过往，是齐白石怀念文艺青年珍贵经历的最好方式。另有《访王言川》：

"龙山雅集皆三绝，七子寒名凤有缘"[1]，《和言川喜余过访原韵》中的"龙山七子皆年少，衣马何须羡五陵"[2]，都是对龙山诗社经历的追忆。难能可贵的是齐白石在《寄园诗草》中有诗《步言川弟赠诗韵》：

> 黄鹂求友不知年，喜得风流孟浩然。
> 逸兴雅同莲社约，才情不让竹林贤。
> 局开图画医尘俗（言川有《龙山七子图》，皆余绘），境辟岩泉闲野烟。
> 奇绝龙山真胜地，何须游历过斜川。[3]

诗中有"局开图画医尘俗"一句，并在后面注解"言川有《龙山七子图》，皆余绘"。可见齐白石曾绘有《龙山七子图》，并赠予王仲言。

龙山诗社成立后，除了核心的龙山七子以外，常有一些社外师友前来参加集会，例如：黎松安、黎薇荪、黎雨民、黄伯魁、胡石庵、吴刚存等人，这些人也都逐

---

[1] 北京画院编：《人生若寄——北京画院藏齐白石手稿（诗稿·上）》，广西美术出版社，2013年，第29页。
[2] 同上，第50页。
[3] 同上，第34页。

渐成为齐白石的朋友。在诸人当中，有一位非常特别的朋友，吸引了齐白石的注意，他名叫张仲飏。张登寿，号仲飏，出身铁匠，也是因为自己发愤图强，爱读书，在齐白石之前便拜了湘潭名人、晚清经学大师王闿运为师。相似的出身，同样的刻苦努力，让齐白石很快和张仲飏成为好朋友，当然他们面临一样的境遇，当乡里人见到张仲飏时，背地里仍称他为张铁匠，如同乡里人仍旧唤能诗善画的齐白石为芝木匠一般。两个爱读书的手艺人，一见如故。

至光绪二十一年（1895年），黎松安家也成立了一个诗社，因为黎松安家对面是罗山，诗社便取名"罗山诗社"。龙山七子也加入了罗山诗社，龙山与罗山相距五十多里地，诗歌的魅力让这些年轻人并不觉得路远。此时，龙山诗社也从大杰寺中迁出，迁入黎雨民家中，齐白石往来于龙山和罗山之间，很受朋友们欢迎。除雅集酬唱外，大家欢迎齐白石的另一个原因是齐白石会制作花笺。

花笺，古代一种笺纸的名称，多指精致华美的信笺、诗笺。古代文人雅士往往自制笺纸，以标榜其高雅，不入俗流。徐陵编《玉台新咏》，序中有"三台妙迹，龙伸蠋之书，五色花笺，河北胶东之纸"之句，证实了以五色花笺书写诗赋文章，早在6世纪已广泛应用于文人笔墨之间了，由此推知"花笺"之名，开始出现在我国文风昌盛的南北朝时期的南朝。进而，在中国古人附庸风雅的众多道具中，花笺成为其中一种，古代文人雅士常常用花笺书写往来信件，或将诗文誊录撰写于花笺上。

龙山与罗山两个诗社的社友们都是湘潭地区的青年才俊，作成了诗文，若不能抄录于花笺上，总归是件令人遗憾的事。诗社里有位丹青妙手，社友们高兴极了，他们跟齐白石商量之后，齐白石义不容辞开始制作花笺。齐白石把宣纸按照传统八行信笺纸的大小裁好，在夜晚的灯光下，齐白石给每一张都画上几笔，有山水、花鸟、草虫、鱼虾，齐白石还很认真地给它们进行淡淡的设色，于是花笺变得雅致极了。一个晚上齐白石能够画出几十张，一个月画上几个晚上，就够社友们分用了。齐白石的好友、后来的儿女亲家王仲言常常对社友们说，要珍惜花笺，更要珍惜濒生熬夜的辛劳。20世纪30年代，齐白石的绘画技艺日趋成熟，闻名遐迩的《北平笺谱》中也有齐白石绘制的花笺，全国的文人雅士都有可能会用齐白石绘画的花笺记诗（图11-3）。而19世纪末，齐白石手绘的珍贵花笺，上面记录着某一位湖南湘潭文艺青年的青涩诗文，与刻印复制的花笺相比，青春岁月的印记更为珍贵。

光绪二十二年（1896年），诗社社友中有几位会写钟鼎篆隶、会刻印章，齐白石萌生了学习篆刻的念头。想要学习篆刻，必须先要有书法的功底。齐白石初期学的是馆阁体，为了学习篆刻，此时齐白石着意练习钟鼎篆隶一类的书法。在齐白石老年自述中说，他最早的刻印经历已经是在此之前，齐白石在主顾家中画像，遇上

图 11-3　《北平笺谱》复刻版　1958 年
北京画院藏

了一位来自大城市长沙的篆刻名家，齐白石拿了一块寿山石请名家为他刻一方名章，可是来自长沙的篆刻名家一再以寿山石不平整为由，要求齐白石拿去磨平再来。齐白石看长沙篆刻名家倨傲，当夜一气之下用一把修脚刀自己把寿山石刻了。不料，这枚印章受到主人家的称赞："比了这位长沙来的客人刻的，大有素雅之分。"高兴之余，齐白石也知道自己完全不懂篆法刀法。在这几年新认识的朋友中，王仲言、黎松安、黎薇荪等，都喜欢刻印，他们教了齐白石一些篆刻的初步方法，加之齐白石具有雕花木匠的手艺，顺着写好的笔画，一刀刀刻去。此后齐白石遇到了黎薇荪的弟弟黎铁安，他虽不常篆刻，但写小篆的功力精深，齐白石向黎铁安请教如何能刻好篆刻，黎铁安的答复有如陈少蕃当年对齐白石的嘱咐一样："南泉冲的楚石，有的是！你挑一担回家去，随刻随磨，你要刻满三四个点心盒，都成了石浆，那就刻得好了。"其实现在看来，黎铁安并没有给出齐白石实际技法上的指导，给出的是一种熟能生巧的练习态度，但是倔强的齐白石真的这样去做了。真如陈少蕃老师所言，"天下无难事，只怕有心人"！

在齐白石的一众乡间好友中，黎松安是齐白石最早的印友，齐白石常常找黎松安切磋篆刻，此间便会在黎家小住几天。齐白石反复刻、反复磨，认真钻研，黎松安给予齐白石莫大的鼓励，还送给齐白石丁龙泓、黄小松两家刻印的拓片，但因拓片有限，齐白石尚未找到门径习得两家刀法。在齐白石的眼中，黎松安是真正的印迷，一次竟冒着大风雨到齐白石家中分给齐白石新的印章石材。齐白石记忆中正式刻成的一枚方章是"金石癖"，刻好后留在黎松安家作纪念，黎家一直保存到抗战时期。齐白石一生都很感谢朋友黎松安对他的帮助，除了刻印的渊源，黎松安还曾力劝从小体弱多病的齐白石戒掉水烟，齐白石一生感念。1897年黎松安家新盖了一栋书楼，名为诵芬楼，罗山诗社和龙山诗社的朋友们去那里雅集，齐白石也常常参加。这一年，齐白石还收到了黎薇荪从四川寄来的丁龙泓、黄小松两家印谱，这对于齐白石的篆刻学习是莫大的帮助。

齐白石篆刻的功夫来源于做雕花木匠时对刀与木的熟悉，进而刻刀与石头产生的共鸣在齐白石手中有了独具一格的面貌。当齐白石走出白石铺，走进湘潭县城，踏入长沙城，进而后来定居京华，很长一段时间都以篆刻为生，而齐白石的画名远不及印名。

此时的齐白石不仅擅长画像，还能作诗，也会刻章。齐白石的生存技能逐渐多元起来，并且均与文艺相关，齐白石的生活离耕种、放牛、木匠等原本齐白石的阶层大多从事的工作越来越远，齐白石用自己的勤恳和努力不断改善生活条件，也改变着自己的生存环境。

1897年之前，齐白石的活动范围仅仅限于白石铺周围的百里之内，常常往来于白石铺和韶塘、罗山与龙山之间。这一年齐白石画像的名声不断远播，齐白石便开始到湘潭县城里去画像。此时，齐白石结识了官员郭人漳和贵公子夏午诒，二人都将是齐白石日后人生路上的贵人。

1899年，齐白石的人生之路更上一层楼。齐白石在张仲飏的引荐下拜见了王闿运，进而拜其为师。乡间的朋友黎铁安介绍齐白石去长沙省城，给茶陵州的著名绅士谭氏三兄弟刻收藏印章。谭延闿、谭恩闿、谭泽闿三兄弟是谭钟麟的公子。齐白石此行给三人刻了十多枚印章，但是当地自称金石家的丁可钧，斥责齐白石刀法太烂，在谭氏兄弟面前说了不少诋毁的话，结果齐白石刻的印统统被磨掉，换成了丁可钧的创作。虽然齐白石在"自述"中说"付之一笑"，但是当时齐白石气愤的心情可想而知。事实上，此后齐白石与谭氏兄弟交往密切，1910年齐白石为谭氏三兄弟的父亲谭钟麟画像，此时的谭钟麟已经过世，齐白石照着相片，细心勾绘了一幅《谭文勤公像》，此作现藏台北故宫博物院。齐白石在长沙多次与王闿运相见，也有谭氏兄弟作陪的身影。1902年，谭延闿曾为齐白石的《借山吟馆图》题诗：

> 雨梦风花事不还，旧游长是忆江关。
> 莺啼帘外春晴好，蜡屐孤寻画里山。
> 生绡拂卷写秋风，微雨疏林急暮蛩。
> 何日移家邻杏坞，与君同听半山钟。
> 奉题寄园先生借山吟馆图，即和其韵，录请鉴定。壬寅六月，延闿。①

---

① 王明明编：《北京画院藏齐白石全集》（综合卷），文化艺术出版社，2010年，第145页。

齐白石的朋友圈扩大了，朋友的阶层和品质都在不断发生变化。谭氏三兄弟的父亲谭钟麟（1822—1905年），字文卿，谥文勤，晚清著名政治人物，官至两广总督。谭延闿（1880—1930年），字组庵，号无畏、切斋，清末之北洋时期曾经任两广督军，三次出任湖南督军、省长兼湘军总司令，授上将军衔，陆军大元帅，民国时期任南京国民政府主席、行政院院长。谭恩闿（生卒年不详），字组庚，以荫生官陆军部员外郎。谭泽闿（1889—1947年），字祖同，号瓶斋，长于书法，善作诗，收集清代书家真迹甚丰。这样的朋友团队，作为放牛娃的齐白石、作为木匠的齐白石、作为农民的齐白石都是不能与之产生交集的，但是曾经身为放牛娃、木匠、农民的齐白石在书画、篆刻、诗文的加持后，便与湘潭、长沙，乃至湖南最为高层的各界人士，做了朋友。但倔强的齐白石并不因此而攀附权贵，一生凭借自己的双手和勤奋谋生。

1900年，齐白石第一次赚到人生中的一笔大钱。湘潭县城里，住着一位江西盐商，逛过衡山七十二峰之后，认为这是天下第一胜景，想请人画南岳全图，作为游览衡山的纪念，于是朋友介绍齐白石去应征。齐白石很细致地描绘了十二幅六尺中堂。按照江西盐商的喜好，齐白石采用浓重的着色，十二幅画用了二斤石绿，后来回想起来，齐白石觉得简直是个笑柄。虽是齐白石记忆中的笑柄，但是盐商看到十二幅中堂十分满意，给了齐白石三百二十两银子。齐白石画得高价的事很快传遍湘潭，从此齐白石卖画的生意逐渐多了起来。

齐白石赚得三百二十两银子，便可以改善家中的居住环境了。此时，齐白石早已娶妻，也有了自己的孩子。于是齐白石用三百二十两银子，承典下了距离白石铺五里地左右、狮子口莲花砦下梅公祠的祠堂房屋。齐白石带着妻子陈春君和两儿两女，搬去梅公祠居住。齐白石把梅公祠住宅的书屋取名"百梅书屋"。齐白石曾作诗《画梅》描绘梅公祠百梅书屋外的美景：

> 最关情是旧移家，屋角寒风香径斜。
> 二十里中三尺雪，余霞双屐到莲花。
> （余霞、莲花皆峰名。）[1]

梅公祠边除了桀骜不驯的梅花，还有雍容锦绣的木芙蓉，齐白石定居北京后常常怀忆梅公祠，便有诗《归梦》：

> 廿年不到莲华洞，草木余情有梦通。
> 晨露替人垂别泪，百梅祠外木芙蓉。[2]

夏季，在往来梅公祠新居与星斗塘老屋的路上，池塘里盛开着荷花，一路馨香。齐白石亦有诗赞曰：

---

[1] 北京画院编：《人生若寄——北京画院藏齐白石手稿（日记·下）》，广西美术出版社，2013年，第330页。
[2] 北京画院编：《人生若寄——北京画院藏齐白石手稿（诗稿·下）》，广西美术出版社，2013年，第472页。

新荷

人生能约几黄昏，往梦追思尚断魂。

五里新荷田上路，百梅祠到杏花村。[1]

齐白石诗中的梅花、芙蓉、荷花等，后来都成了齐白石笔墨纸间常常描绘的素材。

齐白石在梅公祠内的一块空地上，给自己添盖了一间书房，取名"借山吟馆"。书房前还种上了几株芭蕉，到了夏天，绿荫铺阶，凉生几榻，尤其是在秋风雨夜，文艺青年齐白石诗兴尤浓。在这亲手打造的优美环境中，一年里，齐白石作了几百首诗。"借山吟馆"取"借山"两个字，齐白石笑谈眼前的山并非自己所有，不过借来娱目而已，于是在1901年画了《借山吟馆图》留作纪念。有此画作后，齐白石开始不断请自己的诗文好友、老师为画作题诗赋文。曾为齐白石的《借山吟馆图》题跋的有：黎承福、黎承祎、宋焕卣、黎承礼、谭延闿、陈少蕃（黎承福代书）、王仲言、夏寿田、樊增祥、徐崇立、张仲飏、曾熙、杨庄、曾炳煌、王闿运、汪诒书、汪瑞闿、沈滨清、郭人漳、谭泽闿、杨钧等人。这不仅仅是在1901年后几年内为齐白石的《借山吟馆图》题跋的人员名单，更是齐白石进入20世纪的重要师友。从这份名单我们可以清晰地看到，齐白石此时已经完全脱离了农民、木匠等身份，友朋全都是湘潭、长

---

[1] 北京画院编：《人生若寄——北京画院藏齐白石手稿（诗稿·下）》，广西美术出版社，2013年，第262页。

沙，乃至湖南以外的文化名人、乡绅、高官。农民子弟的阶层逆袭，此刻已经大功告成。

这一时间段里，独立生活、赚钱养家、赋诗作画、篆刻都让齐白石觉得生活逐渐从容了起来。但是，身为乡土文艺青年齐白石的理想远不止于此。

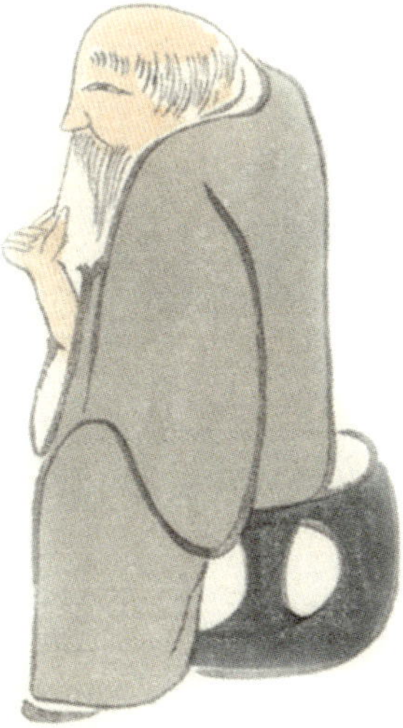

三月春阴尺素忙,师恩一饮老难忘。
协瞑楼外花三丈,银烛斤尊对海棠。

——齐白石《题画诗》

第十二章

湘绮门墙白发新

地灵盛江汇，星聚及秋期。①

王闿运的一句诗，让齐白石苦恼了很久。

拜师

《白石老人自传》（以下称为《自传》）是一本耐人寻味的口述史自传。书中齐白石自陈，光绪二十五年（1899年）正月，张仲飏介绍齐白石去拜见了王湘绮先生，此次齐白石便带了诗文、字画、印章，请先生评阅。湘绮先生说："你画的画，刻的印章，又是一个寄禅黄先生哪！"②《自传》中齐白石觉得湘公名声很大，一般趋势好名的人，都想列入门墙，递上一个门生帖子，就算作王门弟子，在人前卖弄卖弄，觉得很光彩了。此后，张仲飏屡屡劝齐白石拜王湘绮为师，而齐白石却怕人以为自己是攀附权贵的势利小人，迟迟没有回应。在张仲飏的反复劝说中齐白石得知，王湘绮曾对吴劭之③说："各人有各人的脾气，我门下有铜匠衡阳人曾招吉，铁匠我同县乌石寨人张仲飏，还有一个同县的木匠，也

---

① 齐白石口述，张次溪笔录：《白石老人自传》，人民美术出版社，1962年，第43页。
② 同上，第65页。
③ 吴熙（1840—1922年），字劭之，湖南湘潭人，清末民初著名联家，著有《绮霞江馆联语》。

是非常好学的,却始终不肯做我的门生。"[①]一代名流言语讲到这种程度,齐白石只好不再固执,在第一次拜见湘绮先生9个月后,光绪二十五年(1899年)十月十八日,齐白石终于在张仲飏的陪同下,来到王湘绮家中,正式拜师。虽已入门,齐白石在《自传》中表明自己仍旧对于此次拜师很谨慎,觉得自己学问太浅,怕人家说他拜入王门是想抬高身价,仍不敢把湘绮师挂在嘴边。

无独有偶,《自传》中十年前(1889年),有一个"寿三爷"听闻擅长雕花的齐木匠聪明又用功,认为他是可造之才,便主动要齐木匠去韶塘家中,随自己学习,这位爱好风雅的财主便是齐白石的恩师胡沁园。随后,齐木匠住在胡沁园家中免费学习,并经由胡沁园介绍成为陈少蕃的诗文弟子。在随胡陈二位先生学习的过程中,齐木匠获得了很多,名"璜"、号"濒生"、别号"白石山人",这些名动海内的称呼,全部来自二位老师。不仅如此,当齐木匠受生活所迫微有哭穷之意的时候,胡沁园一句"你的画,可以卖出钱来,别担忧"[②],便成为齐白石一生所赖的生存指南。齐白石随陈少蕃读书,跟胡沁园学习花鸟画,从立意、布局、用笔、设色到临习观摩古今名人绘画,都给齐白石留下了深刻印象,直至老年进行口述自传时,仍能娓娓道来。

---

① 齐白石口述,张次溪笔录:《白石老人自传》,人民美术出版社,1962年,第44页。
② 同上,第31页。

在胡沁园家学习期间，齐白石与龙山诗社的诗友在一起不但吟诗作赋，还经常切磋书艺，大家推举年龄最长的齐白石为社长，北京画院现藏有齐白石自刻"龙山社长"白文印一枚（图12-1）。诗社活动亦有七人之外前来参加，此间齐白石认识了与其同为匠人出身的铁匠张仲飏，此时的张仲飏已经是王门弟子。齐白石眼里的张仲飏虽经学深厚、作诗工稳，但同乡们仍在背后称其"张铁匠"，一如自己刻苦学习诗文绘画，在乡人口中仍为"芝木匠"一般。同样的出身与相同的遭遇，成为齐白石与张仲飏交为知己的重要契机。五年后，张仲飏引荐齐白石拜入王门。

*
图12-1　齐白石　龙山社长　白文　2.2cm×2.2cm×3.9cm
北京画院藏

齐白石拜入王门始末，在《湘绮楼日记》中仅有两条，时间、地点、人物介绍十分清晰，言语却异常简洁：

光绪二十五年一月廿日,阴晴。

看齐木匠刻印、字画,又一寄禅、张先生也。①

光绪二十五年十月十八日,晴。

休假一日。齐璜拜门,以文诗为贽,文章尚成,诗则似薛蟠体。②

王闿运第一次见到齐白石,称赞齐白石似寄禅先生。王闿运口中的寄禅先生为释敬安(1851—1912年),湖南湘潭人,约在光绪十二年(1886年)王闿运离川返湘后初识释敬安,王闿运组织碧湖诗社,释敬安随王闿运学习诗文,并参与诗社雅集,此间释敬安与陈三立、郭嵩焘等名流交谊唱和频繁。王闿运此次以寄禅之名赞誉齐白石,是以出身苦寒却好学上进为出发点,齐白石自己是认同这一点的,而并非如欣赏寄禅诗文一般,不然不会有拜门当日"诗似薛蟠体"一说。同时,第一次造访时的齐白石,在《湘绮楼日记》中被称为"齐木匠"。

正式拜师那天,王闿运日记中改称"齐木匠"为"齐璜",并用了一个"贽"字,齐白石的拜师礼是自己的诗文,王闿运认为齐白石的文章还可以,而"诗似薛蟠体"。"薛蟠体"对于《湘绮楼日记》而言,并非孤例,王闿运常言他人诗文似薛蟠体,一代文坛领袖瞧

---

① 王闿运:《湘绮楼日记》,岳麓书社,1997年,第2195页。
② 同上,第2249页。

别人诗文不起，用这样的言语与其说是贬损毋宁说是一种戏谑态度。齐白石在张仲飏口中得知了老师对待拜师礼诗文的说法，在《自传》中称："这句话真是说着我的毛病了，我作的诗，完全写我心里头要说的话，没有在字面上修饰过，自己看来，也有点呆霸王那样的味儿啊！"[①] 可知齐白石当时对于王闿运的诗风有清晰的了解。王闿运在晚清诗坛倡导复古风，陈衍在《石遗室诗话》中曾言及以王闿运为代表的湖湘派诗文"墨守《骚》、《选》、盛唐，勿越雷池一步"的保守态度。王闿运在诗的创作中借用陆机《文赋》中的"诗缘情而绮靡"立下标准，他曾经在评价学生陈锐的诗作时说："陈伯弢诗学我已似矣，但词未妍丽耳。"可以见得，王闿运自己作诗文辞妍丽，同时对学生也做如此要求和评判标准。恰恰出身乡野、未曾接受系统塾学教育的齐白石，以生活体验和直观感受作诗，又怎能在诗文上获得王闿运青睐。

1904 年

齐白石一生与王闿运的实际交往，主要集中在1904年和1911年两个时间段。

1903 年 9 月，时任江西巡抚的夏时奏请开办省会学堂，拟聘请王闿运主持讲学，11 月间由李金燚、张仲飏

---

① 齐白石口述，张次溪笔录：《白石老人自传》，人民美术出版社，1962年，第44页。

陪同前往江西，旋即返回湖南。①1904年2月，夏午诒再次迎请王闿运前往江西，此次齐白石与张仲飏随行。②《王闿运年谱》记载3月江西船再次来迎，4月10日到达南昌，《自传》中写到齐白石八月十五中秋节才返回家中，此次齐白石与王闿运相处约有4个月。《湘绮楼日记》中缺失1904年在江西的记录，《自传》中所忆，最为重要的事件就是七夕那天的饮酒对诗。

　　北京画院藏《齐白石生平自传略》中对1904年七夕这一天的情况记述详尽：七夕这天，王闿运邀约门生友人雅聚，请大家一同吃石榴。席间，王闿运说："南昌自从曾文正公去后，文风停顿了好久，今天是七夕良辰，不可无诗，我们来联句吧！"他就自己唱了两句："地灵胜江汇，星聚及秋期。"我们三个人听了，都没联上，大家互相看看，觉得很不体面。好在湘绮师知道我们的底细，看我们谁都联不上，也就罢了。③

　　显然《自传》传递的信息是齐白石在七夕联句中没有联上，但是现藏在北京画院的齐白石遗物中，有一件纸本墨迹《南昌馆七夕连句》，内容如下：

地灵盛江汇，星聚及秋期。
瓜果列琼坐，文酒奉光仪。（衡阳萧鹤祥）

---

① 见《府君年谱》，王代功：《清王湘绮先生闿运年谱》，台湾商务印书馆，1978年。
② 同上。
③ 齐白石口述，张次溪笔录：《白石老人自传》，人民美术出版社，1962年，第53—54页。此处"地灵胜江汇"与手稿"盛"字有所不同，应是口述或笔录之误。

179　第十二章　湘绮门墙白发新

庆云开河汉，初月照阶墀。（湘潭张登寿）
坐久生微凉，竹簟清露滋。（湘潭齐璜）
临堂翳嘉树，悠悠惜良时。（清泉廖旻文）
年华有新故，明信谅难移。（桂阳谭麦）
揽彼兰蕙芳，劳兹日月驰。（桂阳金残）
仙侣共良宵，我独怀将离。（湘潭郭人漳）
神仙亦人情，所殊无恋私。（湘乡欧阳钧）
谁云一水隔，遽使两心睽。（湘潭王名震）
乘槎欲通问，赠石感支机。（桂阳廖泽生）
时序有推迁，欢情讵参差。（代兴上）
达观匪婴物，修业庶乘时。（桂阳陈毓华）[1]
（图 12-2）

在《自传》中被称作没有对上来的诗句，出现在了这里，并且确实是基本根据年齿而依次记述的，共有12人做出了联句，其中包含齐白石的一句"坐久生微凉，竹簟清露滋"，缺少热爱研究现代科学技术的铜匠曾招吉的联句。《自传》中还有一个常常被研究者引用的重要文献，齐白石因为七夕联句不能完成，返回湖南家中后，将原本的"借山吟馆"改为"借山馆"，可见此事在齐白石心中寄怀很久。在齐白石日记和王闿运日记都不见1904年相关记载的情况下，诸位宾客门生联句的共同呈现，证实了齐白石联句的真实性。但为何"坐

---

[1] 王明明主编：《北京画院藏齐白石全集》（综合卷），文化艺术出版社，2010年，第217页。

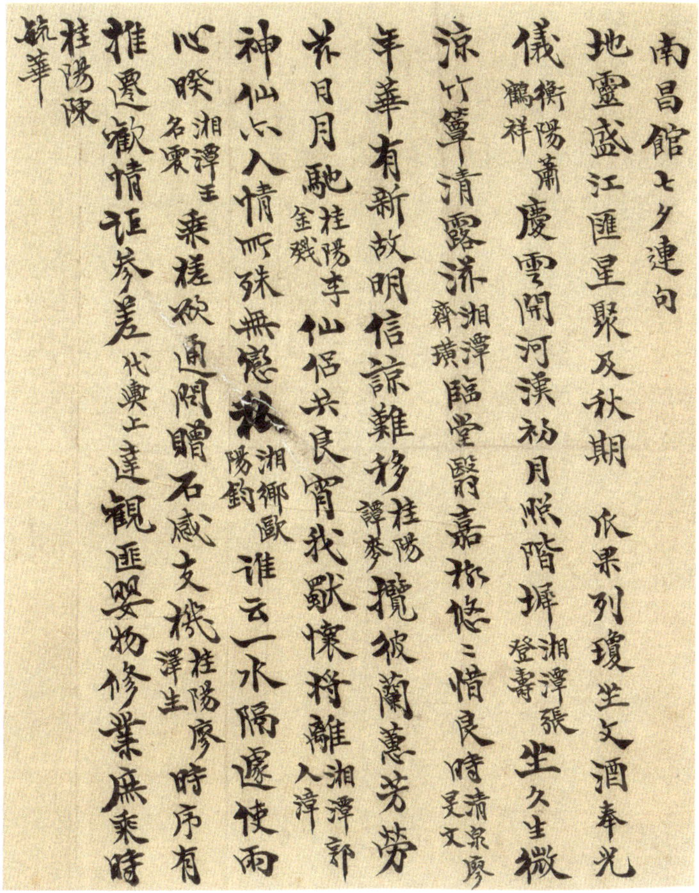

图 12-2　王闿运　南昌馆七夕连句　纸本墨笔　28.8cm×32.5cm　1914 年
北京画院藏

久生微凉,竹簟清露滋"在老年齐白石的记忆中彻底抹除,便不得而知。

联句不论是否成功,王闿运都不看好齐白石的诗,但这对1904年的齐白石没有任何负面影响。检索齐白石与王闿运有所交集的物品,不难发现七夕这天的王闿运为齐白石作传、作序、作跋,王闿运好忙,齐白石收获满满。

七夕之前,齐白石就把自己刻印的拓本呈给王闿运评阅,并请老师作序,七夕当日齐白石拿到了这篇著名的《白石草衣金石刻画》序言:

> 印谱传者唯昭潭老渔,纯仿秦汉玺章,墨文不印朱,见之令人肃穆。余童时见从兄介卿有一本,问姓名,不知也。意其明末隐士,至今想慕焉。介卿亦隐僻不得志,自负刻印高雅,亦存印谱,不轻示人。及余友高伯足、李筼仙、赵撝叔皆以刻印名世,而赵傲兀,求者多谩绝之。余出都,乃赠余名章,明日京师来观之者肩踵相接。游艺之事,孤僻者乃绝伦,理势自然也。
>
> 白石草衣起于造士,画品琴德俱入名域,尤精刀笔。非知交不妄应,朋坐密谈时有生客至,辄逡巡避去,有高世之志而恂恂如不能言。吾县固多畸人。往余妻母舅李云根先生,画入逸品,雕琢工作尤精,亦善刻印,而不为人作。晚年坐一室,终日不移尺寸,见人默无言。
>
> 白石傥其流与,何其独厚于余也。余既为题

《借山图》，要以同访沈山人。见其印谱，复感生平所交游奇古之士，而叹一艺成名之非偶然，复为序其意云。

甲辰七夕王闿运题于南昌馆。[①]（图12-3）

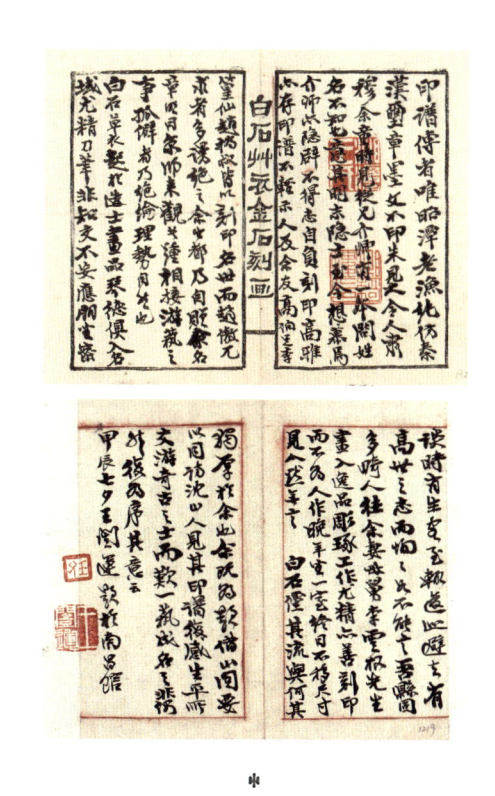

图12-3　王闿运　《白石草衣金石刻画》序言　纸本墨笔　19.5cm×25cm
1904年　北京画院藏

[①] 王明明主编：《北京画院藏齐白石全集》（综合卷），文化艺术出版社，2010年，第172页。

王闿运在这篇《序言》中对齐白石的认识是避客而不善言谈,同时也提到为齐白石题《借山馆图》:

> 无数青山,恨无处。著我松棚茅舍,租界新约千年,吾庐正堪借。行且住,三分水竹,恰安顿一囊诗画。梅熟东邻,泉分西涧,应结莲社。
>
> 是谁对、豚栅鸡栖,共料理、生涯问时价。袖手塘头吟眺,看秋花春稼。宽寂地、奇人惯有,待共寻、沈叟闲话。(吾邻有沈山人,博学能诗,七十余老农。)一笑五柳先生,折腰才罢。
>
> 濒生仁弟属题《借山馆图》,为谱《琵琶仙》词一曲,即送还隐。甲辰七夕,闿运。①(图12-4)

世人皆知王闿运是经学大家,湖湘诗派的代表人物,其实在《湘绮楼日记》中也多次出现王闿运为古今名人画作题跋赋诗,并有鉴定古代绘画的能力,例如光绪二十八年壬寅(1902年)十二月十六日条:"看李伯时画马。并言'宋徽宗《训储图》自题有丸熊等语,恐明人为之,道宗当不至此。'②"但是在王闿运给齐白石《借山馆图》的题跋中却没有关于对齐白石绘画的评论与描述。

七夕当天,齐白石拿到了王闿运亲笔书写的《白石草衣金石刻画》序言和《题〈借山馆图〉》。七夕后二日,

---

① 王明明主编:《北京画院藏齐白石全集》(综合卷),文化艺术出版社,2010年,第152页。
② 王闿运:《湘绮楼日记》,岳麓书社,1997年,第2511页。

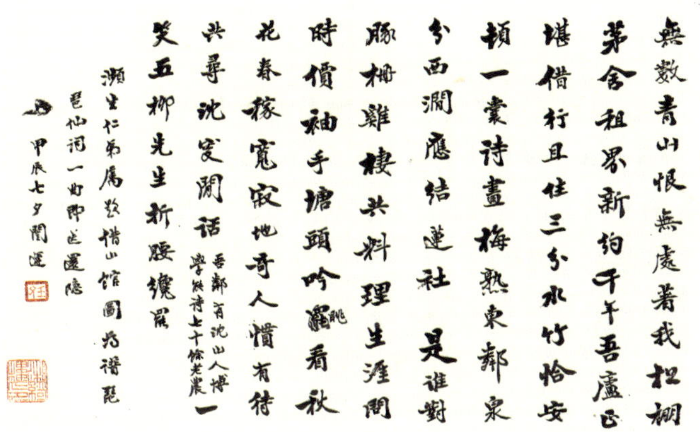

图12-4 王闿运 题《借山馆图》 纸本墨笔 29.5cm×48cm 1904年 北京画院藏

王闿运又让弟子陈毓华以自己的口吻，为齐白石撰《齐山人传》。

自传中第一次出现"王门三匠"，就是在此次随侍湘绮师游历南昌时，但齐白石自陈："南昌是江西的省城，大官儿不算很少，钦慕湘绮师的盛名，时常来登门拜访。仲飏和招吉，依傍老师的面子，周旋期间，倒也认识了很多阔人。我却怕和他们打着交道，看到他们来了，就躲在一边，避不见面，并不出去招呼，所以他们认识我的很少。[①]"相比张仲飏与曾招吉周旋于达官显贵之间，齐白石手握老师撰写的序言、题跋以及老师口吻他人撰写的传文，更加实在。

[①] 齐白石口述，张次溪笔录：《白石老人自传》，人民美术出版社，1962年，第53页。

1911 年

在齐白石与王闿运并不频繁的生命交集中，1911 年（宣统三年）显得尤为重要。1911 年的《湘绮楼日记》中关于齐白石记载共有十条，从二月至四月间，齐白石与王闿运多次晤面：

> 宣统三年二月十三日，晨晴午雨。
> 朝食后，谭祖同、齐濒生来。

> 宣统三年二月廿六日，晴。
> 始出盥颒，内外宾客已满座，未朝食。齐濒生来求文。

> 宣统三年二月廿八日，阴晴。桃花盛开。
> 谭、黎、齐同步来，尚泥湿不可行。[1]

二月间，齐白石听闻王闿运在长沙，于是前往拜访，二月十三日谭泽闿与齐白石一同前往拜会王闿运，至二月廿六日齐白石提出请求王闿运为其祖母撰写墓志铭一事。此后王闿运在四月四日开始为齐白石祖母作墓志，四月六日又写，至四月七日完成：

---

[1] 王闿运：《湘绮楼日记》，岳麓书社，1997 年，第 3101—3104。

宣统三年四月四日，晨见日。
作齐木匠祖母墓志。看唐诗。

宣统三年四月六日，雨寒。
抄挽联，作齐志。

宣统三年四月七日，阴雨。
作齐志成。①

王闿运一生为很多人作墓志、哀词、挽联、神诰等，在《湘绮楼日记》中常常出现，还有部分文字被收入《湘绮楼文集》。被收入文集中的墓志大多为"清诰授中议大夫彭君""清中宪大夫侯官陈君""永兴教官贺君"等，大部分是拥有某个头衔之人的墓志。类似为齐木匠的祖母作《齐璜祖母马孺人墓志铭》则极为少见（图12-5），一位寂寂无闻的田间农妇，因为孙子齐白石成为王闿运的门生，而在身后获得如此殊誉，应该泉下含笑了。王闿运在墓志铭文中用到的身份为"特赏侍讲衔翰林院检讨礼学馆顾问官王闿运撰并书"，1911年正月元日，王闿运年谱中有记："湖南巡抚杨文鼎送来电谕，因先生乡举周甲加翰林院侍讲衔。"②正月任命的官衔，四月时用在齐白石祖母的墓志铭上，更显农妇尊贵。

① 王闿运:《湘绮楼日记》，岳麓书社，1997年，第3112页。
② 王代功:《清王湘绮先生闿运年谱》，台湾商务印书馆，1978年。

越明年正月葬于煙墩嶺參葉園之原
孫男六人曾孫有四壯翼翼祗事負士
成墳瑩以隱德宜彰親鑴玄石銘曰
潭之有齊振秀湘南焉亦儒族鄉歌葛
覃惜二孺人克昌五世翼子詒孫勤則
不匱璜也多孰無乔慈恩恩深報淺飢
奉雞豚匪壽不逮匪養不逮婦職無希
母德斯被蓼莪教孝佳名是同鈴聲似
昔響苔松風

宣統三年夏四月

茶陵譚澤闓敬觀

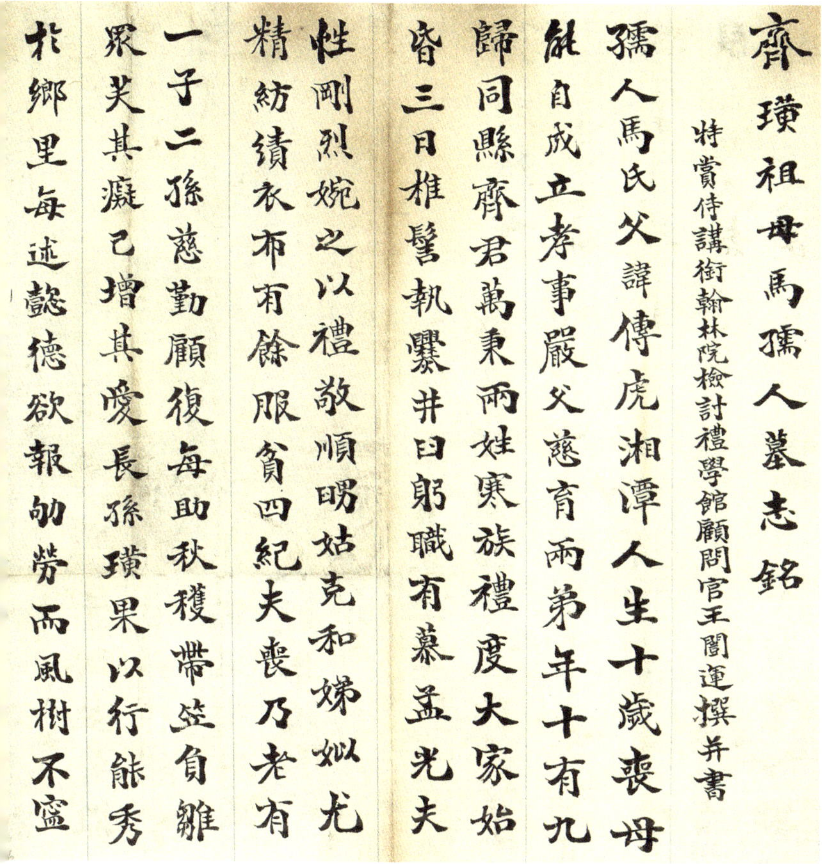

齐璜祖母马孺人墓志铭

特赏侍讲衔翰林院检讨礼学馆顾问官王闿运撰并书

孺人马氏父讳传虎湘潭人生十岁丧母能自成立孝事严父慈育两弟年十有九归同县齐君万秉两姓寒族礼度大家始昏三日椎髻执爨井臼躬职有慕孟光夫性刚烈婉之以礼敬顺明姑克和娣姒尤精纺绩衣布有馀服贫四纪夫丧乃老有一子二孙慈勤顾复每助秋穫带笠负雏众关其瘠已增其爱长孙璜果以行能秀于乡里每述懿德欲报劬劳而风树不盛

*

图 12-5　王闿运　齐璜祖母马孺人墓志铭　纸本墨笔
31.8cm×35.5cm　1911 年　北京画院藏

在运筹祖母墓志铭文的同时,三月初齐白石收到了王闿运手书信札一封:

> 濒生仁兄晚安,潭府。
> (欧阳属李池莲)闿运借顿初十日午刻借瞿协揆楼约文人二三同集,请翩然一到,藉瞻清扬,想不吝也,亦有汪九与君雅故,恕不自诣为幸。①
> (图12-6)

三月十日,齐白石如约而至瞿鸿禨家的超览楼,《自述》清晰描写了当时场景,主人是瞿鸿禨父子,到场的嘉宾除齐白石和王闿运,还有嘉兴人金甸臣,茶陵人谭泽闿等。《湘绮楼日记》载:

> 宣统三年三月十日,晴。
> 午后过子玖,同请金、谭、齐看樱花、海棠。子玖作《樱花歌》,波澜壮阔,颇有湘绮笔仗。余不敢和,以四律了之。坐客皆和,犹未尽见。谈宴一日始散。又雨。②

宴席间王闿运说:"濒生这几年,足迹半天下,好久没给同乡人作画了,今天集会,可以画一幅'超览楼

---

① 王明明主编:《北京画院藏齐白石全集》(综合卷),文化艺术出版社,2010年,第286页。
② 王闿运:《湘绮楼日记》,岳麓书社,1997年,第3106页。

*

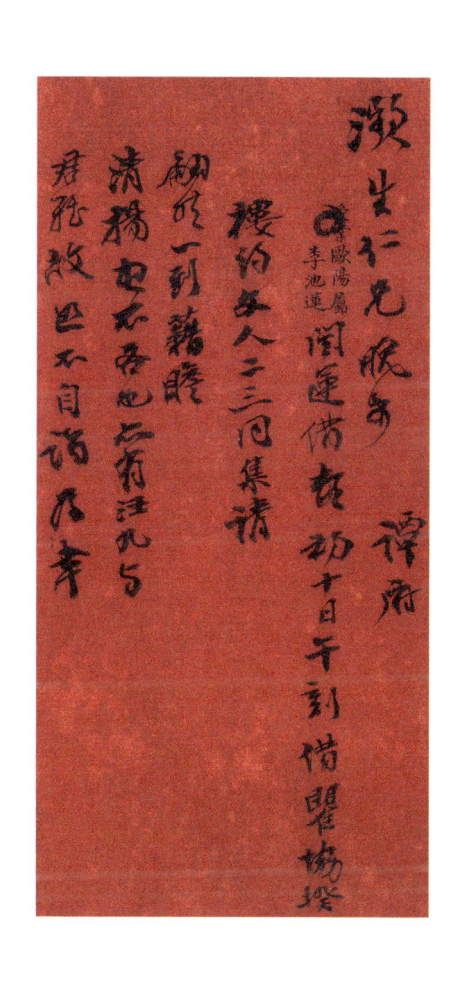

图 12-6　王闿运　信札　纸本墨笔　19cm×9cm
北京画院藏

禊集图'啦！"① 齐白石虽一口答允，当时却没能画成。1938年，瞿鸿禨之子瞿兑之与齐白石见面，齐白石画《超览楼禊集图》（图12-7）交给瞿兑之，兑现当年对老师的承诺，并在这幅画左侧题跋详尽描述了1904年雅集情形。

　　此后在回忆起这件事时，齐白石仍感念至深。1924年，齐白石曾作一首题画诗：

　　　　三月春阴尺素忙，

---

① 齐白石口述，张次溪笔录：《白石老人自传》，人民美术出版社，1962年，第62页。

图 12-7　齐白石　超览楼楔集图　纸本设色　36.1cm×132.4cm　1939年　故宫博物院藏

（湘绮师曾招饮之书，经劫犹存，信有鬼神呵护。）

师恩一饮老难忘。

协暌楼外花三丈，

（瞿子玖先生自言：长沙城中海棠之大无过吾楼外一株，高约三丈。）

银烛金尊对海棠。

画海棠题诗，因感湘绮师往事，白石。[1]（图12-8）

---

[1] 王明明主编：《北京画院藏齐白石全集》（书法篆刻卷），文化艺术出版社，2010年，第50页。

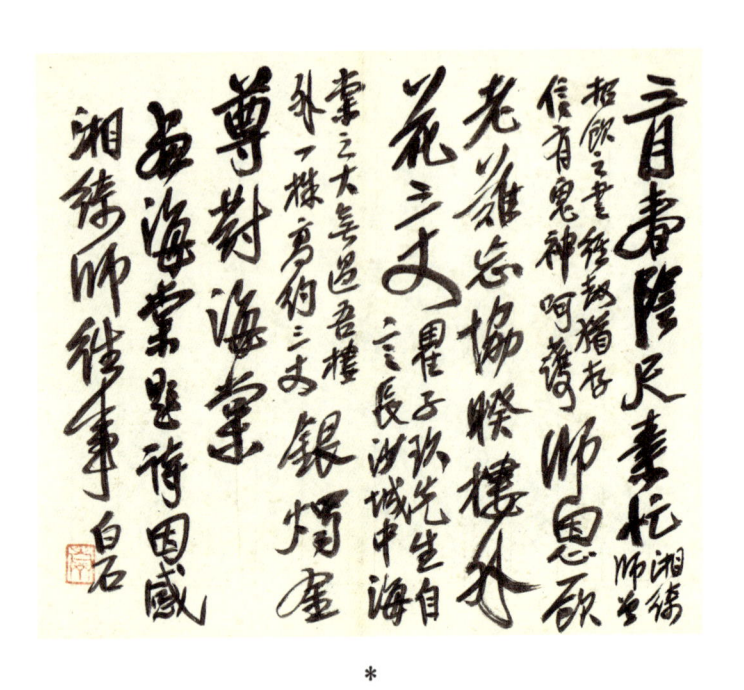

图 12-8　齐白石　题画诗之四　纸本墨笔　31cm×33cm　1924 年
北京画院藏

　　这次雅集之后，在各种文献记载中再不见齐白石与王闿运见面的记载。但宣统三年十二月立春日，王闿运又为齐白石书写了"寄萍堂"（图 12-9），并有一段较长的跋文：

　　　　昔贤立身持家，皆谋长久之计，私利繁生，达者乃矫之以幻寄，然皆非智力所能为也。大要安之则欲其久，厌厌则觉其寄，寄不可以垂教也。
　　　　濒生仁弟特达多能，既立其家，乃以萍寄自

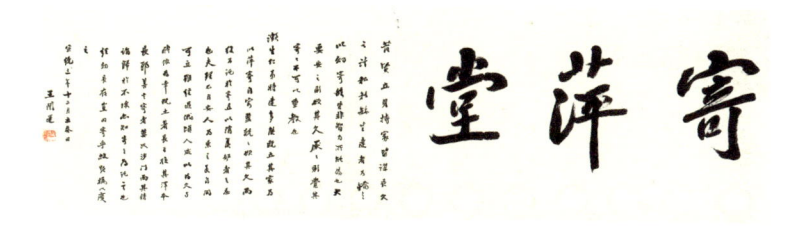

图 12-9　王闿运　寄萍堂　纸本墨笔　45.5cm×176cm　1911 年
北京画院藏

寓。盖兢兢欲其久，而复乃托于寄，且以消羡妒者之忌也。夫理不自安，人乃乘之。若自问可立，虽经过俄顷，人咸以得久与瞻依为幸。既土著长子孙，其泽本长邪。善言寄者，莫如沙门，而其精诣归于不坏，亦知寄之为托言也。经劫长存，岂同寄乎。故题匾以广之。

宣统三年十二月立春日，王闿运。

1911 年，齐白石得到了老师王闿运手书的《齐璜祖母马孺人墓志铭》，农历年末又得《寄萍堂》，在北京画院收藏的齐白石遗物中，还有王闿运送给齐白石的《自录五言诗》：

独睡掩重幕，心清梦不昏。
忽闻香气入，定是梅花魂。
滨（濒）生仁兄诗家正句。闿运书。（图 12-10）

图 12-10　王闿运　自录五言诗　纸本墨笔　151.5cm×41cm
北京画院藏

另外还有《湘绮先生屏》:

炎汉太宗,长沙清庙栋宇接近云雾,晦暝赤豹文狸女萝薜带山,祇见于法眼,窦后依于佛光。至请旧居特为新寺,禅师泪翌弘聚谋犬众表之明诏行矣。水枭有制,丘墟尽平,太康二载有若法导禅师,莫知何许人也,默受智印,深入证源,不坏外缘，而见心本无作真性，而注福河大起前功，重启灵应神僧，银色化身丈余，指定全模标建方面法物，增备擅供，益崇广以凌霄之台，疏以布金之地。濒生仁弟属作。闿运。（图12-11）

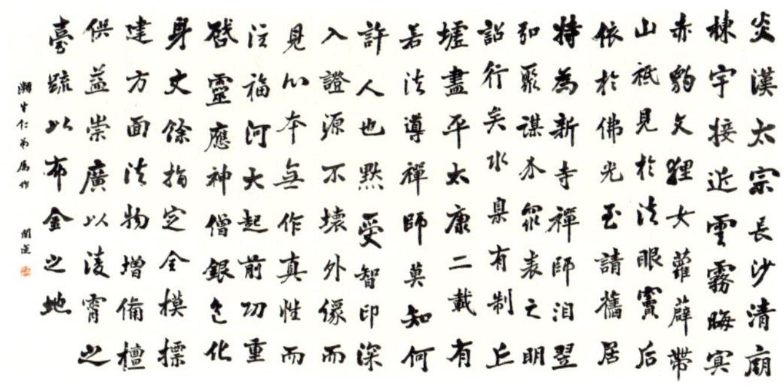

图12-11　王闿运　湘绮先生屏　纸本墨笔　86.5cm×47cm
北京画院藏

两件作品均无年款，王闿运宣统三年（1911年）十二月立春日为齐白石撰写的《寄萍堂》上钤印为"八十以后所作"白文印，而自1914年开始王闿运常用一枚"湘绮老人八十三岁以后作"的朱文印，由此推知两件送给齐白石的作品有可能均是1911年之前书写。

师恩

1916年，老师王闿运驾鹤而去，齐白石得知消息后专程去王家哭奠了一场。《自传》记载："回忆往日师门的恩遇，我至今铭感不忘。[①]"师恩不能忘，齐白石作挽联一副：

>才识信河岳钟灵，著述等身，千秋合有鬼神护；
>诗文本圣贤余事，芜篇点定，一诺难忘师弟恩。[②]

齐白石确实难忘王闿运的师恩，而这师恩在王闿运辞世后仍荫泽着齐白石的诗画人生。齐白石循着老师胡沁园为其指出的卖画为生的道路越走越顺畅，但他所标榜的金字招牌却是"湘绮弟子"。1903年齐白石至西安在夏午诒的引荐下

---

① 齐白石口述，张次溪笔录：《白石老人自传》，人民美术出版社，1962年，第64—65页。
② 敖普安、李季琨主编：《齐白石辞典》下册，中华书局，2004年，第440页。

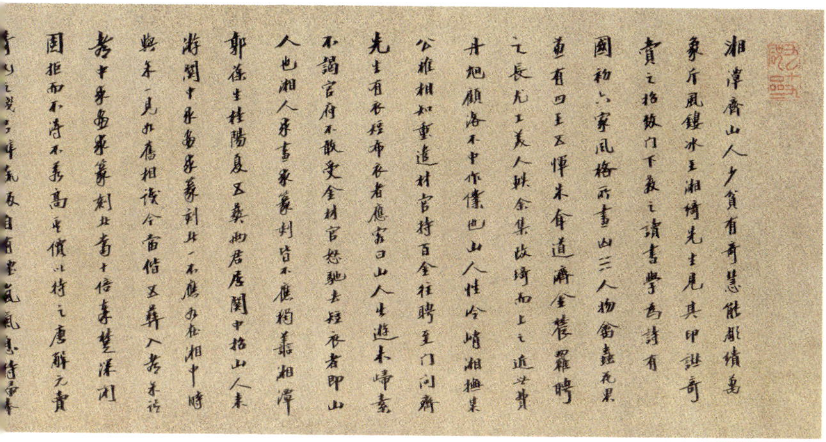

*

图12-12　樊增祥　凌文渊题签樊增祥书齐白石润格　纸本墨笔
32cm×135.5cm　1903年　北京画院藏

拜会樊樊山，樊樊山为齐白石书有一份润格：

> 湘潭齐山人，少贫有奇慧，能雕缋万象，斤风镂冰。王湘绮先生见其印谱，奇赏之，招致门下，教之读书。学为诗，有国初六家风格……湘人求画求篆刻者皆不应，独善湘潭郭葆生、桂阳夏五彝。两君居关中，招山人来游关中，求画求篆刻者一不应，如在湘中。时与余一见，如旧相识。今当偕五彝入都，余谓都中求画求篆刻者当十倍于楚，深闭固拒而不得，不若高其价以待之……[①]（图12-12）

[①] 王明明主编：《北京画院藏齐白石全集》（综合卷），文化艺术出版社，2010年，第190页。

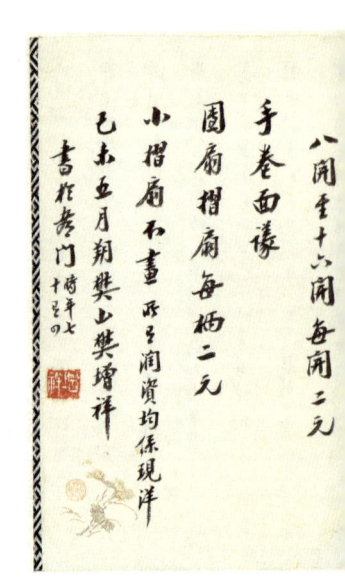

图 12-13　樊增祥　齐白石润格
纸本墨笔　25cm×61cm　1919年
北京画院藏

此次樊樊山的书写篇幅较长，对于齐白石是王闿运弟子的身份非常看重。此后，在1919年樊樊山又为齐白石书写润格，这回就开门见山："齐山人璜，字濒生，湘绮门下士也。[1]"（图12-13）

1920年，吴昌硕为齐白石书写润格：

> 齐山人濒生为湘绮高弟子，吟诗多峭拔语，其书画墨韵孤秀磊落，兼善篆刻，得秦汉遗意。曩经樊山评定，而求者踵相接，更觉手挥不暇……[2]（图12-14）

---

[1] 王明明主编：《北京画院藏齐白石全集》（综合卷），文化艺术出版社，2010年，第192页。
[2] 同上，第193页。

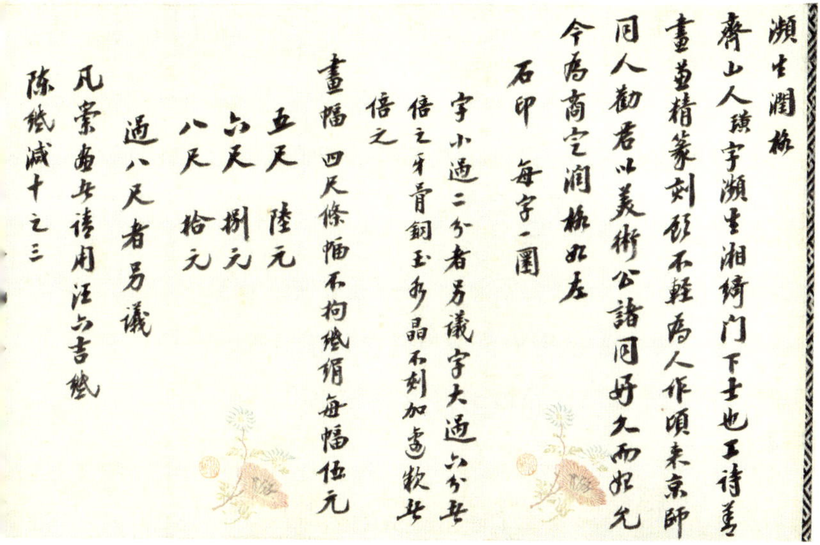
瀕生潤格
齊山人璜字瀕生湘綺门下士也工詩善
畫並精篆刻顧不輕爲人作頃來京師
同人勸君以美術公諸同好久而如允
今爲商定潤格如左
石印 每字一圜
字小過二分者另議字大過六分每
倍之牙骨銅玉水晶不刻加邊欵每
倍之
畫幅 四尺條幅不拘紙絹每幅伍元
五尺 陸元
六尺 捌元
八尺 拾元
過八尺者另議
凡索畫要請用汪六吉紙
陳紙減十之三

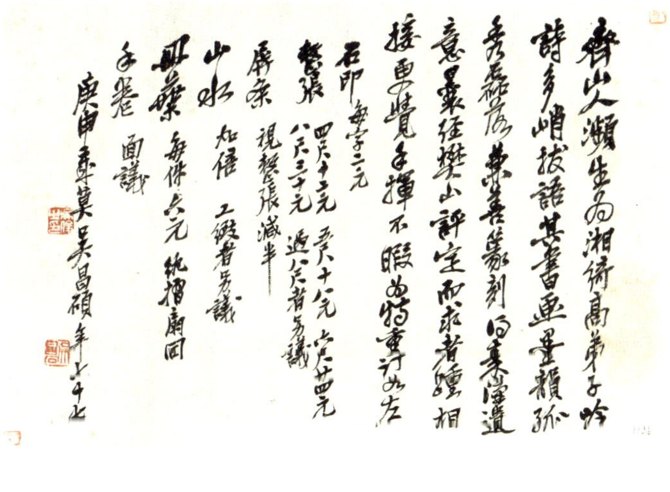
齊山人瀕生爲湘綺高弟子吟
詩多峭拔語其書畫墨韻孤
秀絕俗篆刻得秦漢遺
意曩經樊山評定而求者踵相
接更覺手揮不暇爲特重訂如左
石印 每字二元
整張 四尺十二元 五尺十八元 六尺廿四元
八尺三十元 過八尺者另議
屏條 視整張減半
山水 加倍 工緻者另議
冊葉 每件六元 紈摺扇同
手卷 面議
庚申春吳昌碩年七十七

*

图 12-14　吴昌硕　齐白石润格　纸本墨笔　23cm × 35.5cm
1920 年　北京画院藏

作为王闿运弟子的身份在国中文人圈再好用不过了，连同吴昌硕对于齐白石的身份介绍也以"湘绮高弟子"论。

1923年中秋节后，齐白石从京城三道栅栏搬迁至太平桥高岔拉一号，迁居之后就把王闿运为其题写的"寄萍堂"横额挂在屋内。[①]这件事在齐白石的《白石诗草》中也有清晰记述。更有趣的是，1935年《实报半月刊》第5期《人物志》专栏中，名为黑衣的作者较为全面地介绍了齐白石，开篇简明陈述齐白石居所状态时写道：

> ……进了院落，东屋三间是客厅，一条红漆长七八尺的画案，四把像中山公园茶座上摆着的藤椅。一张方桌上，放着一张"特赏侍讲翰林院检讨礼学馆顾问官王闿运撰并书齐璜祖母马孺人墓志铭"，南墙上悬着王湘绮先生遗像，下面靠着一面大镜子，装着先生放大相片，周围还有几块镜子……[②]（图12-15）

1935年，齐白石家中方桌上放着王闿运为齐白石祖母撰写的墓志铭，南墙上更是悬挂着王闿运的遗像，若说师恩深，不若说师恩长，王闿运虽已死，齐白石的

[①] 齐白石口述，张次溪笔录：《白石老人自传》，人民美术出版社，1962年，第75页。
[②] 黑衣：《齐白石》，载《实报半月刊》1935年第5期，第33—35页。

图 12-15　1935 年《实报半月刊》《人物志》

"湘绮弟子"招牌仍在。可以说，齐白石确立身份过程中，"湘绮弟子"是其一生最为重要的身份，在京城落脚仍需如此，直至 1935 年七十多岁的齐白石仍将祖母墓志铭和王闿运遗像摆放在客厅，可见王闿运仍能为齐白石抬高身价、增加身份感、扩大朋友圈。再者，王闿运这位大儒的教化，对木匠出身的齐白石融入文人圈更有助益。

在世时的王闿运就曾为齐白石以篆刻谋生的道路作过贡献。《自传》中曾言大约在 1910 年，长沙哄传王闿运请齐白石刻了几方印，于是请齐白石刻印的人就多了起来，接连不断，齐白石想起一句诗"姓名人识鬓成

丝",他深感:"人情世态,就是这样的势利啊!"①在北京画院藏品中有一封王闿运与齐白石书信(图12-16):

> 有汪财官②者在桂林即知大名,求刻印章,无门以达。托颜雍者至湘代求,颜以不能代谋为词。今寓于此,欲一相见。立春日约其便饭,能惠然一临否。不能即自愿多刻印章亦可以免。然君之畏客非也,多见一人增一阅历,不必效孤僻一派。故特以请。十六日闿运拜上。
> 白石山人坐右。③

王闿运代为引荐,让齐白石为"汪财官"刻印并要求见面,劝说齐白石"多见一人增一阅历"。大约在1901年,经人介绍齐白石去李翰屏家画像,《自传》中回忆李翰屏是个傲慢的人,但因王闿运的内弟蔡枚功与李翰屏是同事,故告知齐白石为湘绮弟子的身份,李翰屏此后便对齐白石另眼相看。④

---

① 齐白石口述,张次溪笔录:《白石老人自传》,人民美术出版社,1962年,第98页。
② "汪财官"也曾出现在1911年3月王闿运邀请齐白石去瞿鸿禨家超览楼雅集的信中。光绪三十四年(1908年)初秋,汪诒书曾邀请齐白石前往桂林。1911年3月雅集时,王闿运称"汪财官与君雅故",若汪财官确为汪诒书,那么这封求印章的书信应当是在1905年汪诒书邀请齐白石前往桂林之前。
③ 王明明主编:《北京画院藏齐白石全集》(综合卷),文化艺术出版社,2010年,第286页。
④ 齐白石口述,张次溪笔录:《白石老人自传》,人民美术出版社,1962年,第47页。

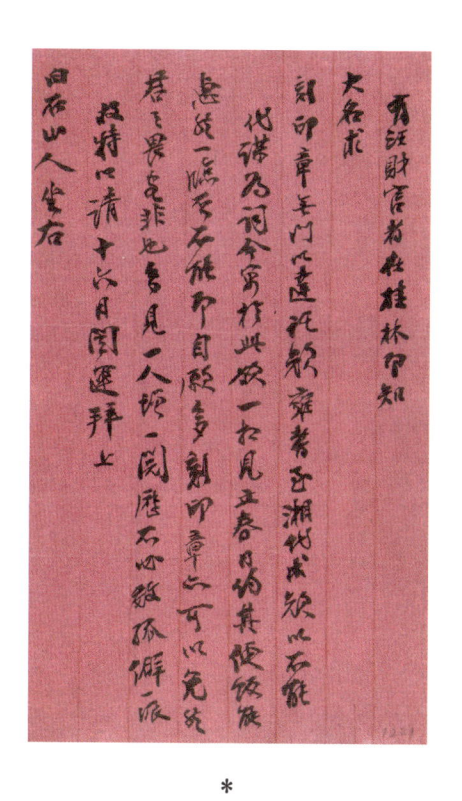

图 12-16　王闿运　招引会客便笺　纸本墨笔　19.5cm×25cm
北京画院藏

1939年的《东方日报》刊载了一篇名为《王湘绮提拔齐白石》的小文（图12-17）：

中国著名的国画家，已故的有吴昌硕、高奇峰、王一亭等人，现在硕果仅存的，大约只有一个齐白石了。提起齐白石来，大家都知道他是一位现在誉满全国的大画家，但他的出身却是寒微得很，信不信由

图 12-17 1939 年《东方日报》上刊载的《王湘绮提拔齐白石》

你，这位齐大画家幼年竟是一个木匠。王湘绮名叫壬秋，是个很有学问的文人，王家住在湘潭，和黎翰林是好友。一天走到黎翰林家去闲谈，从大厅上走过，看见大厅前面天井中有一个雕花木匠正在聚精会神地工作，年纪是很轻的，案板上放着一本陆放翁诗集，和一本湘绮楼诗集，心上不禁暗暗纳罕，慢慢踱到那小伙子面前，问道："你能读诗吗？"那小伙子吞吞吐吐地应答了一个是字。王湘绮更是奇了，便追问道："你也能读我的诗吗？"那小伙子恭敬答道："是的。"王老诗人不由得大吃一惊，便道："你能作诗吗？"那小伙子道："也会一点儿。"凑巧案板上也有他一本诗草，便捧出来恭恭敬敬地献上来。湘绮打开一看，不由眉飞色舞地拿去给黎翰林看，说道：

"好极了,好极了,想不到这小木匠,有诗的天才,我要好好栽培他,收他做一个学生。"这小木匠倒很乖巧,连忙趴在地上,磕了三个头,从此便平地一声雷,小木匠变成为大诗人的弟子了,这小木匠不是别人,便是齐白石。

他本来姓齐名璜,字濒生,他取白石之名,是在他成名以后,自从王湘绮收作了学生,他一面学诗,一面学画,王湘绮对于画,家中收藏极多,也好好给他看,指点他,如此学了三四年,画的名声反而超过了他诗的名声,于是他专门作画上用功夫,他在北平卖画,一张画居然卖一千多元,该他的名声,不在已死的吴昌硕之下哩!①

这位名为"百合"的作者,以一种旁观者的口吻描述着齐白石拜王闿运为师的场景。一位雕花木匠在赚钱养家糊口的时候还带着三本诗集,摆在旁边,一篇小报文章为1939年的齐白石经营人设确定了很好的定位,而其中的重点仍旧是对于"湘绮弟子"关键词的反复强调。师恩深与师恩长空口无凭,而那些1904年与1911年获得的物质证明,则是最好的论据,家中再高挂一幅王闿运遗像,辅以"寄萍堂"和祖母墓志铭,"湘绮弟子"的身份名牌牢牢贴在了齐白石身上。更有趣的是,报纸作者形容齐白石拜师王闿运之后,齐白石随王闿运学诗

---

① 百合:《王湘绮提拔齐白石》,载《东方日报》1939 年 7 月 15 日。

又学画三四年之久，明显是将胡沁园、陈少蕃与王闿运三合一，但反映出的信息却是齐白石有一位恩重如山的老师，且仅有一位，那就是王闿运。

1904年齐白石曾请王闿运为自己撰写了《白石草衣金石刻画》序言，《自传》中称1917年湖南家乡兵乱中齐白石印拓全失，但齐白石却将王闿运撰写的序言原件藏在家中墙壁内，得以幸存，可见齐白石对此珍爱。《萍翁诗草》中所记稍有出入：

> 二月十五日，家人避乱离借山，七月廿四日始归。
> 劫灰三尺是秦年，逐目秦余感变迁。
> 害物蚁蜂俱盗贼，上天鸡犬亦神仙。
> 友朋万里一搔首，文字盈担小息肩。
> 且喜归来忙乞火，四邻随处散炊烟。
> 借山书籍为白蚁所食，梨熟为大蜂所啖。二月十五日离家，十六日悄归，视其物，鸡犬无存，王湘绮樊鲽翁及诸友人赠余手迹，幸随身保存。[①]（图12-18）

不论藏在墙壁里还是随身携带，齐白石都将王闿运手迹保存完好。1928年，齐白石将自己定居北京之后的刻印拓存四册，用王闿运所撰写的序言。此后将其中精品加之自用印重新拓存，仍旧用王闿运撰写的序言。齐

[①] 北京画院编：《人生若寄——北京画院藏齐白石手稿（诗稿·上）》，广西美术出版社，2013年，第158页。

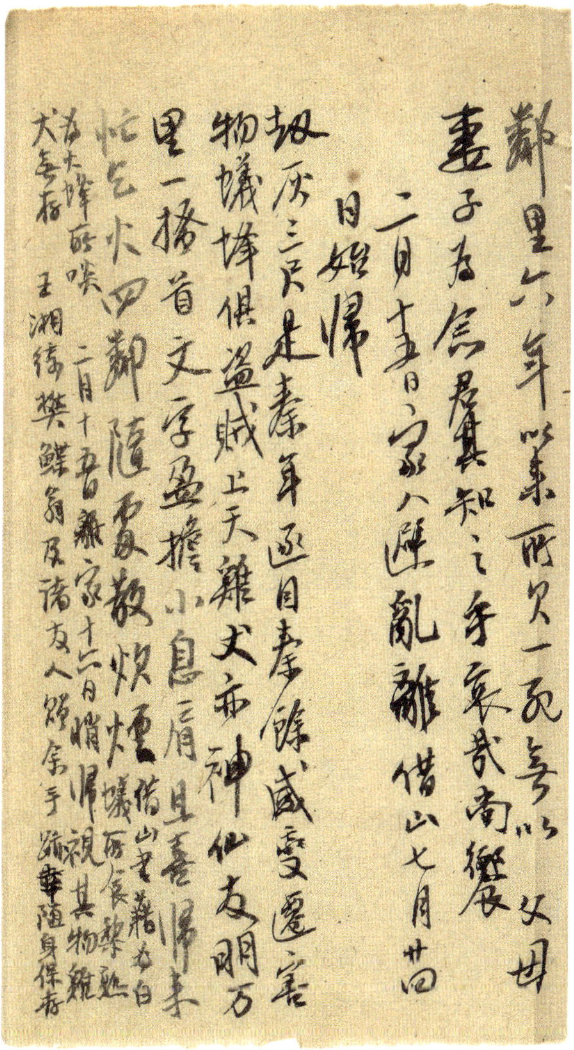

图 12-18　齐白石　《萍翁诗草》第三十三页　22cm×14.5cm　1917—1918 年
北京画院藏

白石在北京最早两次制作印谱，全部都使用了王闿运为其撰写的序言。

王门师友

齐白石有一套极为珍贵的《借山吟馆图》题跋，题跋者中一大部分是齐白石的湖南同乡，44开题跋中王门师友众多，例如陈兆奎、杨度、杨钧、杨庄、张仲飏等。其中也不乏王闿运与齐白石的共同友人，例如：夏寿田、郭人漳、樊樊山等，这些师友大都在齐白石一生中起到了极为重要的作用。

1904年陈毓华以王闿运口吻撰写的《齐山人传》（图12-19）中就曾有言："……郭道台、夏翰林赏其多艺，争延上客……"此处提到的郭道台就是郭人漳，字葆荪（一作葆生）湖南湘潭人，青年时期留学日本，与黄兴、杨度、夏寿田等交厚，历任山西道台、江西及两广巡防营统领、新军协统，故而王闿运称郭人漳为郭道台。郭人漳较为赏识齐白石，在齐白石成长为画家的道路上可谓帮助颇多。夏翰林即为夏寿田，历任光绪进士、翰林院编修、袁世凯总统府顾问，王闿运曾为夏寿田之父夏时幕府。郭人漳与夏寿田都是齐白石重要的友人和赞助人，齐白石生命中的五出五归第一次是在1902年，齐白石到达西安，见到了夏寿田和郭人漳，此后于1903年3月随夏寿田全家进京，在京教授如夫人无双绘画的同时，齐白石卖画刻印章，连同夏寿田赠送，将共计两千多两银子带回家乡,《自传》中齐白石用到了"不虚此行"这个词总结了一出一归之行。

齐白石的三出三归返乡途中取道钦州,在郭人漳家中住了几个月,其间齐白石曾为郭代笔,但也临摹了郭的古代藏画,此次也得到了一笔润资。1907年春节后,齐白石再次前往钦州,在郭家教如夫人画画,此行为四出四归,郭人漳是重要赞助人。齐白石第五次离开家乡也曾途经郭人漳所在的钦州,并有小住。1917年进京之初,齐白石仍住郭家。

齐白石晚年曾作《白石状略》一篇,文中言及:"平生知白石画者郭葆荪,知刻者夏午诒,知诗者樊樊山。"樊樊山是齐白石一生中非常重要的师友之一,同时樊樊山也是王闿运的文友,王闿运曾多次在公开报章上与樊樊山讨论诗文。樊樊山在两次为齐白石撰写润格中也郑重介绍齐白石是"湘绮弟子"的身份,师出有名甚至影响到了吴昌硕为齐白石撰写润格。吴昌硕曾在润格中说:"齐山人濒生为湘绮高弟子……曩经樊山评定……"可见在吴昌硕眼中齐山人不仅是王闿运弟子,同时也是樊樊山推举之人,这一番双重力推成为吴昌硕撰文的切入点。樊樊山为齐白石撰写润格之后,齐白石刻印之名大显,《自传》中齐白石说道:"樊樊山在西安给我定的刻印润格,我借助他的大名,把润格挂了出去,生意居然很好。"[1]除此而外,在《自传》中1903年

---

[1] 齐白石口述,张次溪笔录:《白石老人自传》,人民美术出版社,1962年,第55页。

頡頑貴游椸邐塵坭既屏人事之樂又畢九夕之權
非有慧心安无失倍累昔般輸摧巧于斧斤君平寄
情怜卜筮知執鞭之戀富信博奕之猶賢大戱逸民
可已風俗又豈符命授閣上徒所得藉口乎言出不
足重出已贊
贊曰潭有隱民曠心圖史德邈龍潛道寄麤伎
家無立壁阿須貿山巢由遠矣成我達觀
光緒甲辰季七夕後二日湘綺樓命弟子桂陽
陳毓華撰

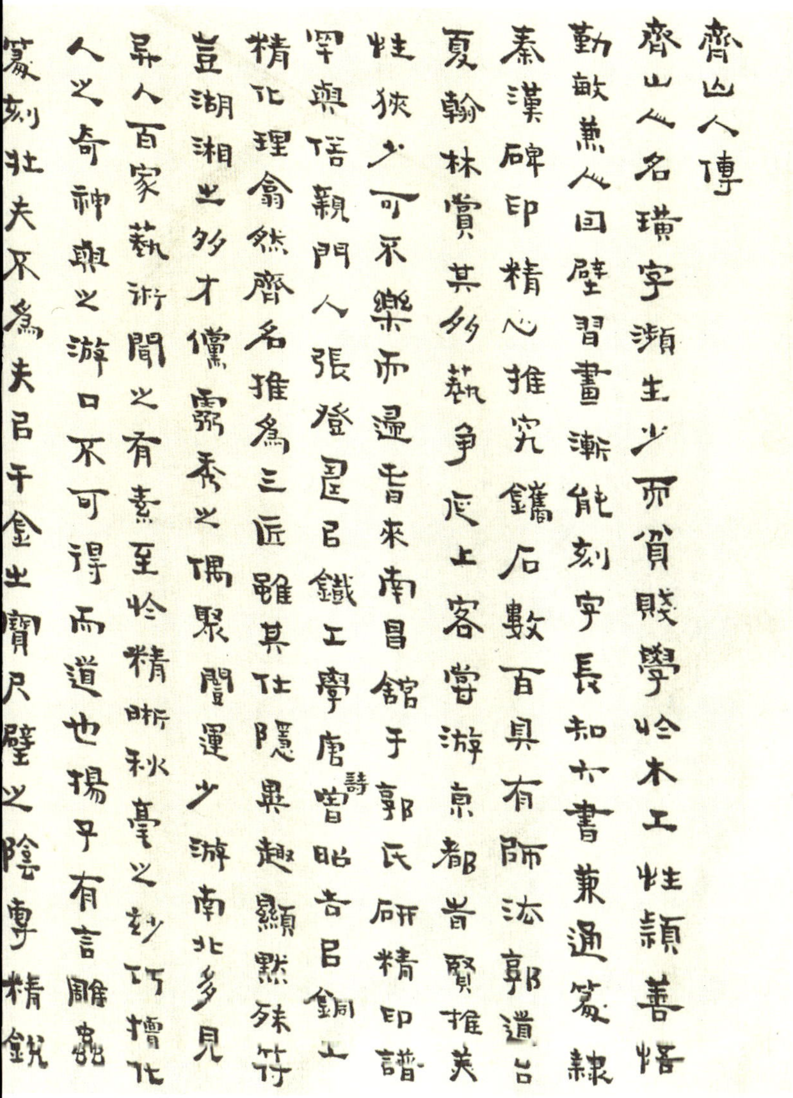

齊山人傳

齊山人名璜字瀕生少而貧賤學於木工性穎善悟
勤歛焦人曰壁習畫漸能刻字長知六書兼通篆隸
秦漢碑印精心推究鑱石數百具有師泝郭道甫
夏翰林賞其多藝爭延上客嘗游京都皆賢推矣
性狹少可不樂而還昔來南昌館于郭氏研精印譜
軍興悟親門人張登昆吕鐵工寧唐曾昭吉吕銅工詩
精化理翕然齊名推為三匠雖其仕隱異趣顯默殊符
豈湖湘此外才儁霧秀之偶聚閭運少游南北多見
異人百家藝術間之有素至於精晰秋毫之妙巧擅化
人之奇神與之游口不可得而道也揚子有言雕虫
篆刻壯夫不為夫吕干金出寶尺璧之陰專精銳

*

图 12-19　陈毓华　王闿运《齐山人传》　纸本墨笔　29.5cm×48cm
1904 年　北京画院藏

居京的齐白石听说樊樊山五月从西安启程,便决意返乡,因为樊樊山曾经提出要推荐齐白石当内廷供奉,而齐白石坚决不肯(图12-20),入宫当画师这件事绝非齐白石人生规划中的选项。

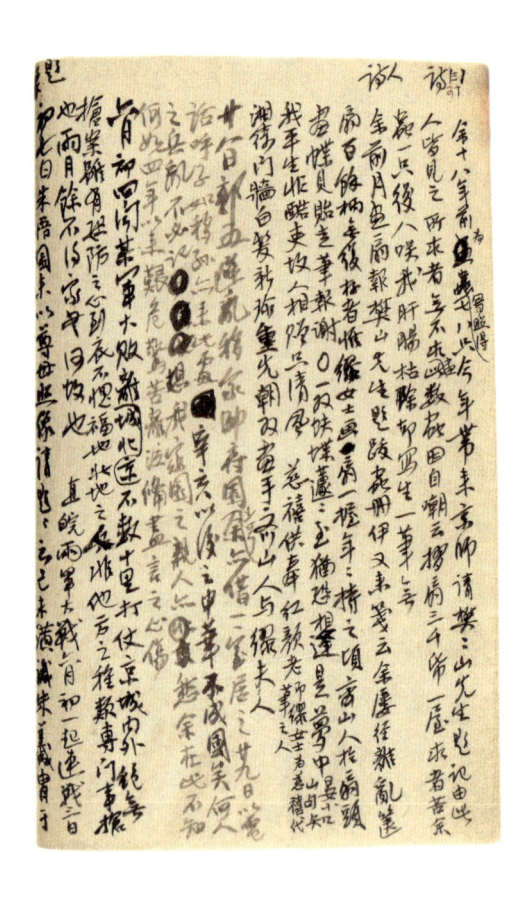

*

图12-20　齐白石　《庚申杂记并杂作》第九页　纸本墨笔　22cm×19cm　1920年　北京画院藏

再论"知诗者樊樊山"一说。齐白石一生交往樊樊山的基础也是在友人推荐和"湘绮弟子"的双重效应中达成的。樊樊山与王闿运在诗学概念上是有分歧的,王闿运作诗属于"诗缘情"的摹古体系,而樊樊山则是中晚唐诗学派,在学古中求变化;王闿运强调诗文用词妍丽,上追汉魏,而樊樊山则诸体兼备,同时樊樊山着意在诗文创作中引经据典。作诗中的分歧,导致王闿运曾经撰文批驳樊樊山赋诗油腻[①](图12-21),还曾在日记中记录对樊樊山作

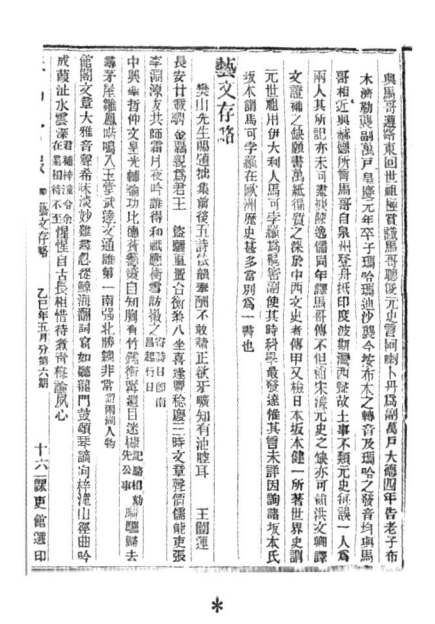

图12-21　1905年《秦中官报》《樊山先生赐题拙集前后五诗依韵奉酬不敢请正欲牙旷知有油腔耳》

---

① 王闿运:《樊山先生赐题拙集前后五诗依韵奉酬不敢请正欲牙旷知有油腔耳》,《秦中官报》1905年,第31—32页。

艳诗的厌恶之情①。王闿运几乎从未在正式场合或文献中称赞过齐白石的诗词，但是樊樊山却对齐白石的诗有激赏之情。齐白石集1916年至1917年之间诗稿成《借山吟馆诗草》，诗稿最前就是樊樊山作的序：

  濒生书画皆力追冬心，今读其诗，远在花之寺僧之上，真寿门嫡派也。冬心自叙其诗云："所好常在玉溪、天随之间，不玉溪不天随，即玉溪即天随。"又曰："携僧隐流钵单（箪）瓢笠之往还，复饶苦硬清峭之思。"今欲序濒生之诗，亦卒无以易此言也。冬心自道云："只字也从辛苦得，恒河沙里觅钩金。"凡此等诗，看似寻常，皆从刿心刖肝而出，意中有意，味外有味，断非冠进贤冠，骑金络马。食中书省新煮馎头者所能知，唯当与苦行头陀在长明灯下读，与空谷佳人在梅花下读，与南宋、前明诸遗老在西湖灵隐、昭庆诸寺中相与寻摘而品定之，斯为雅称耳。今吾幸于昆明劫灰之余，闭门听雨，三复是编，其视冬心先生集自叙于雍正十一年者，其感慨又何如耶？濒生行矣，赠人以车，不若赠人以言。若锓木于般若阁者，即以此为前引可也。
  丁巳六月初三日。樊山樊增祥拜题。②

---

① 莫名：《王湘绮看不起樊樊山》，载《新天津画报》1943年第4卷第4期，第1页。
② 北京画院编：《人生若寄——北京画院藏齐白石手稿（诗稿·上）》，广西美术出版社，2013年，第61—64页。

此事，便是《自传》中提到的，"樊樊山是看得起我的诗的，我把诗稿请他评阅，他作了一篇序文给我，并劝我把诗稿付印。隔了十年，我才印出了《借山吟馆诗草》。[1]"即便是序言写成的十年后，此时齐白石还没有正式出版过画集，而是诗集先行印制，可见其中樊樊山对于齐白石诗词创作的鼓励。此后齐白石再行集诗，樊樊山又作诗序[2]：

齐白石诗序

昔严沧浪之论诗曰：诗有别裁，非关书也；诗有别趣，非关理也。夫以无书无理为诗，而唯以别裁别趣相尚。此必胎性中具有前生所读之书，今生妙悟之理。较之绩学之士，日以读书穷理为事，而于风雅一道渺不相关者，盖亦有根性利钝之别，气化灵蠢之殊，非个中人不知也。

湘潭齐山人名璜，字白石。以农为世业，耕稼以外，好刻竹木，并及石印。王湘绮先生见之，置之门墙，使习书画，每画皆有题咏。如明宏（弘）治四家，乾隆间之扬州八怪，大抵诗画双佳，语语皆清疏松脆，君诗实近乎此，而于国朝（白石注：国朝二字当是一清字）之童二树、罗两峰尤相伯

---

[1] 齐白石口述，张次溪笔录：《白石老人自传》，人民美术出版社，1962年，第67页。
[2] 引自王明明主编：《北京画院藏齐白石全集》（综合卷），文化艺术出版社，2010年，第174页。

仲。君自为湘绮所赏，王门高足弟子皆与订交，以是声名蔚起。南游两粤，西入陕，北至燕。既而天下大乱，君因郭宝（葆）生军门、夏午诒大史之荐遍历诸幕府。而其画尤为日本所崇敬，瓜瓠果蓏之属，奇趣天成；草虫阜螽之类，生机飞动，东人不惜重金购之。而书生身计，转因乱离小阜矣。君游陕时，独与余善，见余一诗一文，辄相倾倒。顷居京二十年，余年且九十矣，常见其诗。其治家也，皆布帛菽粟之言；其训世也，皆孝悌力田之语。至

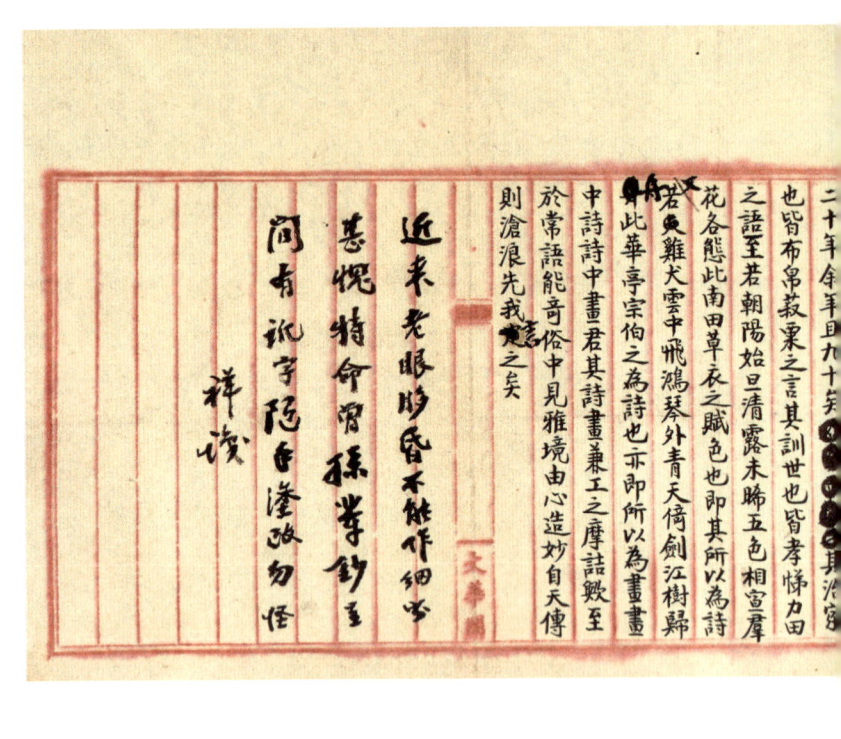

若朝阳始旦，清露未晞，五色相宣，群花各态，此南田草衣之赋色也。即其所以为诗，又若鸡犬云中，飞鸿琴外，青天倚剑，江树归舟，此华亭宗伯之为诗也。亦即所以为画，画中诗，诗中画。君其诗画兼工之摩诘欤，至于常语能奇，俗中见雅，境由心造，妙自天传，则沧浪先我言之矣。

但是这次的序言上樊樊山自作的注释和齐白石的注别有韵味（图 12-22、图 12-23）：

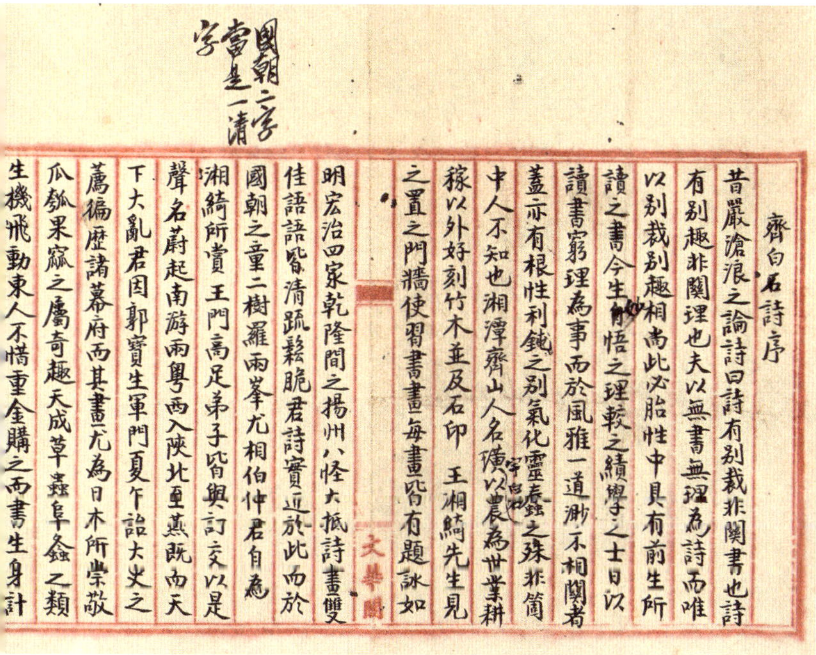
國朝之字當是一清字

齊白石詩序

昔嚴滄浪之論詩曰詩有別裁非關書也詩有別趣非關理也夫以無書無理為詩而唯以別裁別趣相尚此必胎性中具有前生所讀之書今生自悟之理較之績學之士日以讀書窮理為事而於風雅一道渺不相關者蓋亦有根性利鈍之別氣化靈蠢之殊非簡中人不知也湘潭齊山人名璜字白石以農為世業耕稼以外好刻竹木並及石印 王湘綺先生見之置之門牆使習書畫每畫皆有題詠如明宏治四家乾隆間之揚州八怪大抵詩畫雙佳語語皆清疏鬆脆君詩實近於此而於國朝之童二樹羅兩峯尤相伯仲君自為湘綺所賞 王門高足弟子皆與訂交以是聲名蔚起南游兩粵西入陝北至燕既而天下大亂君因郭寶生軍門夏午詒大史之薦徧歷諸幕府而其畫尤為日本所崇敬瓜瓠果蓏之屬奇趣天成草蟲阜螽之類生機飛動東人不惜重金購之而書生身計

*

图 12-22　樊增祥　齐白石诗序　纸本墨笔　29.5cm × 38cm

北京画院藏

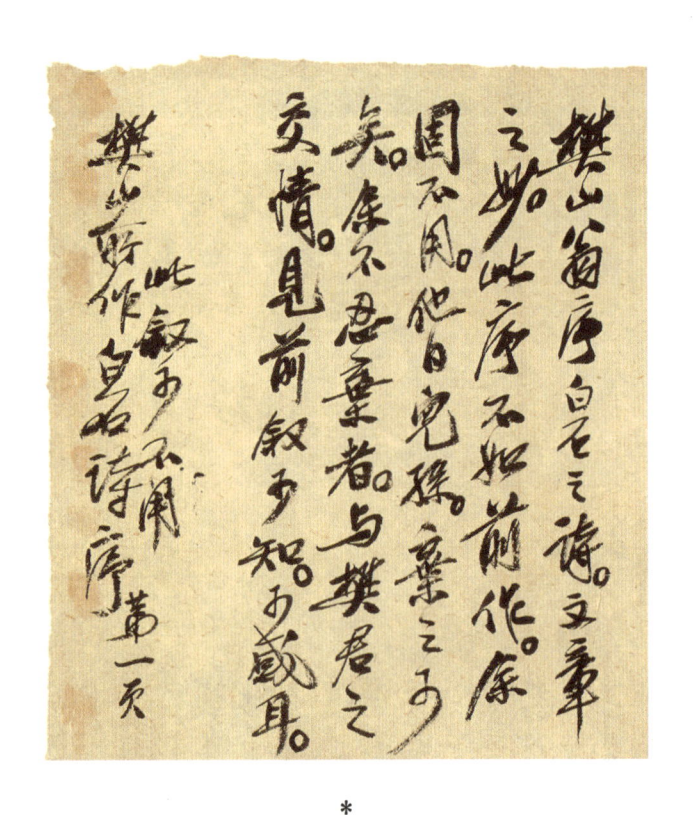

图12-23 齐白石《诗序》自注 纸本墨笔 29.5cm×38cm
北京画院藏

  樊增祥注：近来老眼眵昏，不能作细书，甚愧，特命曾孙辈抄呈。间有讹字，随手涂改，勿怪。祥识。

  白石注：樊山翁序白石之诗，文章之妙，此序不如前作，余固不用。他日儿孙弃之可矣，余不忍弃者。与樊君之交情，见前叙可知，可感耳。

樊樊山在第一次的诗集序言中引经据典、文辞优美地对齐白石的诗作进行了一番赞美，而第二次的诗文序言则直接被齐白石弃用，齐白石还附上注释嘱咐儿孙自己因情谊犹在，但儿孙可以将其扔掉。另在齐白石1930—1932年集诗《白石诗草（庚午至壬申）》中有记：

> 壬申冬，白石诗集第二集成，代序五首。（第二集乃六十岁以前至七十二岁之作，居旧京十又六年。题画之句最多。）那（哪）有工夫暇作诗，车中枕上即闲时。廿年绝句三千首，却被樊王选在兹。（此集呈樊山老人选定，其句有牢骚者或未平正者痛删之。复倩仲言社弟重选，其句虽淡雅而诗境未高者或字样奇险者又删之。再后倩劭西君校对抄诗者之错误，竟于樊王删弃者选回一百余首。题画寄樊樊山先生京师及洞庭看日之短古，即黎选也。）[1]

《白石诗草（庚午至壬申）》先后经樊樊山、王仲言、黎锦熙三人筛选、校对，最终应当是按照黎锦熙的选择定稿，齐白石认为樊樊山选出的诗太少。一生有帝师理想的王闿运对齐白石的诗文评价几乎只字未提，暮年以鬻文为生的樊樊山也曾揶揄齐白石的诗文，1903年题《借山吟馆图》时就曾言："平生三绝诗书画，乐石

---

[1] 北京画院编：《人生若寄——北京画院藏齐白石手稿（诗稿·下）》，广西美术出版社，2013年，第489页。

吉金能刻画"①，但至20世纪30年代，齐白石对樊樊山诗文的态度产生了变化。齐白石在自述中称："我作的诗，完全写我心里头要说的话，没有在字面上修饰过"，事实上真心欣赏齐白石文字的应当是为他编撰《齐白石年谱》的胡适。白话文的推进者胡适在《齐白石年谱》序言中写道：

> ……我读了这些材料，白石老人自己的文章。我觉得他记述他的祖母、他的母亲、他的妻子的文字，（那时我还没有看见他的"祭次男子仁文"）都是很朴素真实的传记文字，朴实的真美最有力量，最能感动人。他叙述他童年生活的文字也有同样的感人力量。他没有受过中国文人学作文章的训练，他没有作过八股文，也没有作过古骈文，所以他的散文记事，用的字、造的句，往往是旧式古文骈文的作者不敢做或不能做的……②

这样看来齐白石所谓的"知诗者樊樊山"，也要在相对固定的语境中看待，而非恒定，其中友情远远超越了诗文、书画与篆刻艺术是否精湛，而齐白石对这一点再明白不过了。1931年，樊樊山辞世，齐白石在自述中有言，"正月二十六，樊樊山逝世于北平，我又少了一位

---

① 樊樊山：《借山吟馆图》题跋，1903年。王明明主编：《北京画院藏齐白石全集》（综合卷），文化艺术出版社，2010年，第148页。
② 胡适：《齐白石年谱》，手稿现藏北京画院。

谈诗的知己，悲悼之怀，也是难以形容[1]"。齐白石还曾刻印一方"老年流涕哭樊山"（图12-24），时年齐白石也已经六十九岁。

图12-24　齐白石　老年流涕哭樊山　白文　3.1cm × 3.1cm × 6cm
北京画院藏

---

[1] 齐白石口述，张次溪笔录：《白石老人自传》，人民美术出版社，1962年，第80页。

在王门师友中，杨度是极被齐白石信赖的同门。杨度、杨庄、杨钧兄妹三人都是"湘绮弟子"，其中杨庄还是王闿运的儿媳。杨氏兄妹三人都曾给齐白石的《借山吟馆图》题跋，杨钧和杨庄题跋的时间分别是在1911年3月和4月，杨庄所采用的是具有王闿运风韵的"汉魏诗派"五言诗为齐白石题跋，杨度题跋则是1917年仲夏在天津完成。齐白石居京城以来，凭借鬻画与篆刻逐渐有了一些积蓄，1919年《己未日记》中记：

> 杨虎公处之去款。其折云："齐白石山人濒生寄存款项于虎头陀室，约以周年八厘生息，随时可以取还，非濒生及其世兄子贞亲自取款，不得发与他人，他人得此折者，不足为据。
> 虎头陀杨晳子批。
> 民国八年七月五日收濒生交来洋五百元；
> 七月五日收濒生交来洋叁百元；
> 七月九日收濒生交来洋贰百元；
> 七月十四日收濒生交来洋壹百元。[①]"（图12-25）

日记中，当年七月又存一百元。1922年的《壬戌纪事》中，闰五月一条：

> 初五日，得如儿书，甚慰之至。并知家山春

[①] 北京画院编：《人生若寄——北京画院藏齐白石手稿（日记·上）》，广西美术出版社，2013年，第187页。

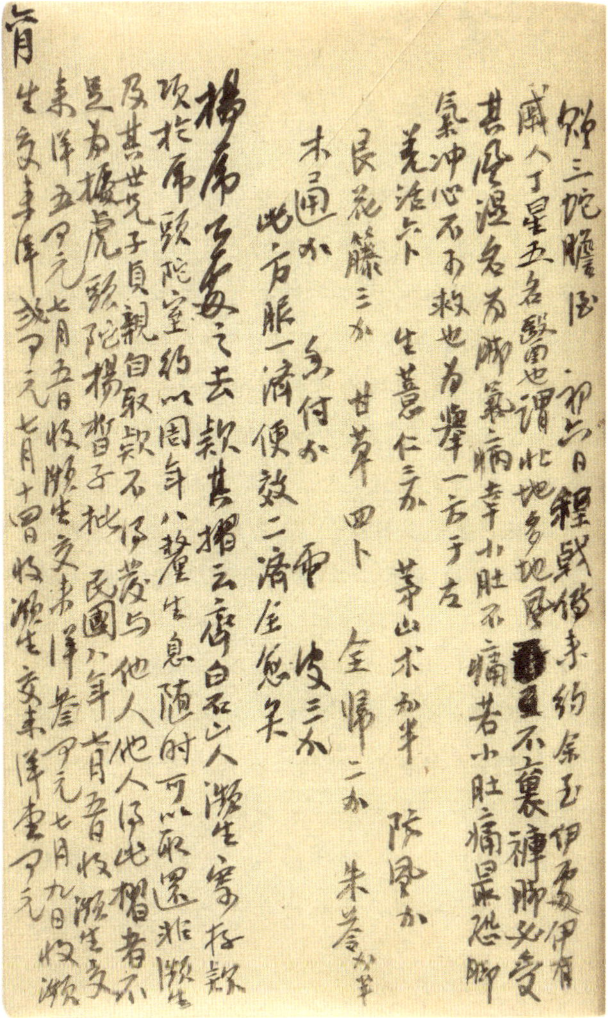

图 12-25　齐白石　《己未日记》第十三页　纸本墨笔　22cm×19cm　1919 年
北京画院藏

君、宝珠虽小病，将愈。即复如儿书，并中国银行存款五百元收据，亲交杨晳子亲手收好，自言明日送交子如。①

在齐白石与杨度的往来书信中，仍可见到关于齐白石存款以及杨度拨款的相关事项。齐白石出身农家，半生贫苦，来京度日时已经年过半百，加之齐白石向来节俭，将收入积蓄存在他人手中，那必然是非常信任的人，杨度就是齐白石信得过的重要友人。1931年，齐白石收到徐悲鸿的来信，信中除了说到即将在1932年出版的《齐白石画册》事宜之外，徐悲鸿还备注了一条："杨晳子患痢疾逝去已五日矣。②"齐白石又痛失好友。

1917年齐白石第二次来到北京，先在郭人漳家居住，后搬入法源寺与杨潜庵同住。杨潜庵与齐白石亦同出王门，1919年齐白石定居京城之初仍住在法源寺，三月初四一早到达北京便见到了杨潜庵，杨已经替齐白石办理好居住法源寺事宜。③此后在京的诸多活动均有二人一同参加。另外，杨潜庵在京时间久于齐白石，于篆刻方面亦有建树，此间也为齐白石扩展居京朋友圈起到重要作用。齐白石收入《萍翁诗草》中有一首《次韵杨潜

---

① 北京画院编：《人生若寄——北京画院藏齐白石手稿（日记·下）》，广西美术出版社，2013年，第327页。
② 王明明主编：《北京画院藏齐白石全集》（综合卷），文化艺术出版社，2010年。
③ 北京画院编：《人生若寄——北京画院藏齐白石手稿（日记·上）》，广西美术出版社，2013年，第181页。

庵喜白石过寺居》(时潜庵居北京法源寺):

> 尘心消得几声钟,寂静浑同世外惊。
> 六十老翁身万里,秋风来听六朝松。
> 寺外有古松,为唐时物也。①

身在千里之外的异乡,齐白石"六十老翁身万里"的思乡情,只有同乡同门又同住的杨潜庵和当时的"秋风"听得懂。

陈师曾一直被认为是齐白石"衰年变法"的推动者,但齐白石与陈师曾的交往源头却尚未厘清。1904年初,齐白石随老师王闿运游历南昌,四月七日船到札屋洲,李金燹来迎先生,十日到南昌,陈三立、陈兆奎闻先生至,来省谒见先生。② 此时,陈三立致力于修建南浔铁路,恰好在南昌,王闿运的弟子陈兆奎也在南昌协助夏时创办机械造纸公司,③ 于是可以在南昌进行王门师友小聚。早先,陈三立于同治十一年(1872年)迁居长沙,与湖湘名流交游深厚,深受湖湘诗坛王闿运所引领的"汉魏六朝诗派"的影响,光绪十一年至光绪十四年(1885—1888年)间,陈三立与郭嵩焘、王闿运、释敬安等人共同结成诗社,常在碧湖雅集,雅集成员均为陈三

---

① 北京画院编:《人生若寄——北京画院藏齐白石手稿(诗稿·上)》,广西美术出版社,2013年,第126页。
② 王代功:《清王湘绮先生闿运年谱》,台湾商务印书馆,1978年。
③ 李开军:《最后的事功:陈三立与南浔铁路之修建》,载《中华文化》第41期。

立师友，陈三立对王闿运更是尊敬有加，以湘绮为师。汪辟疆曾言："至陈散原先生，则万口推为今之苏黄也。其诗流布最广，功力最深，有井水处多能诵之。盖散原早年习闻湘绮诗说，心窃慕之。颇欲力争汉魏，归于鲍谢，唯自揣所至，不及湘绮，乃改辙以事苏黄。"[1] 至1904年，陈三立在南昌拜会王闿运，恰好齐白石也随老师同游。

王湘绮弟子数量巨大，与齐白石有交集者也众多。为齐白石整理《自传》文字的张次溪其父张篁溪同为王门弟子；引荐齐白石进入王门的张仲飏后来成为齐白石的儿女亲家，此后齐白石受聘成为北京艺术专门学校的教授，齐白石还在《自传》中感慨："木匠当上了大学教授，跟十九年以前，铁匠张仲飏当上了湖南高等学堂的教务长，总算都是我们手艺人出身的一种佳话了"[2]；为齐白石题跋《借山吟馆图》之一的陈兆奎，同为王闿运弟子，《老萍诗草》中有一首诗记述了齐白石1903年在京于陶然亭饯春：

十五年前喜远游，关中款段过芦沟。
京华文酒相追逐，布衣尊贵参诸侯。
陶然亭上饯春早，晚钟初动夕阳收。

---

[1] 汪辟疆：《光宣诗坛点将录》，引自《汪辟疆文集》，上海古籍出版社，1988年，第300—301页。
[2] 齐白石口述，张次溪笔录：《白石老人自传》，人民美术出版社，1962年，第79页。

> 挥毫无计留春住，落霞横抹胭脂愁。
> 癸卯三月三十日，夏午诒、杨皙子、陈完夫于陶然亭饯春，求余为画饯春图小册。①

其中的陈完夫便是陈兆奎，这次齐白石还绘就一幅《陶然亭饯春图》。

考察史料记载，齐白石拜入王门之后，真正与老师相处的机会并不多，并非如住在胡沁园家学画学诗那样能够体会到老师点点滴滴的恩情。但是，齐白石深知王闿运在清末以及北洋时期的社会影响力，在1904年与1911年的集中相处阶段，齐白石获得了老师手书的《白石草衣金石刻画》序言、《借山馆图》题跋、《齐璜祖母马孺人墓志铭》、《寄萍堂》，以及陈毓华以王闿运口吻书写的《齐山人传》，另外还有王闿运直接写给齐白石的《湘绮先生屏》、尺幅颇大的王闿运《自录五言诗》。这些王闿运墨宝都成为齐白石日后标榜"湘绮弟子"身份的最有力证明。齐白石定居北京后将王闿运手书《寄萍堂》、王闿运遗像、祖母墓志铭置于家中明显处，可以日日感念湘绮师恩情的同时，旧友一见便知齐白石是个念旧情的好弟子，新朋登门一眼明白齐木匠师出有名。此外，北京画院现藏齐白石遗物中还有王闿运写给他人的作品，如《耻庵》（图12-26）、《湘绮老人论诗词》（图12 27）、《湘绮老人墨迹（四条屏）》

---

① 北京画院编：《人生若寄——北京画院藏齐白石手稿（诗稿·上）》，广西美术出版社，2013年，第164页。

（图12-28），可见齐白石在着意收藏王闿运手迹。

王闿运在清末民初政坛、文坛声名显赫，弟子众多，齐白石成为王门弟子之后，便被巨大的王门师友关系网所笼罩。在湖南时齐白石慢慢融入了地方师友圈，

图12-26　王闿运　耻庵　纸本墨笔　66.5cm×134.5cm　1863年
北京画院藏

图 12-28　王闿运　湘绮老人墨迹（四条屏）　纸本墨笔　165.5cm×35cm　1914年
北京画院藏

图 12-27　王闿运　湘绮老人论诗词　纸本墨笔　27.5cm×138.5cm　1914年
北京画院藏

第十二章　湘绮门墙白发新

五出五归的路途中也可见师友们的身影，部分湖湘师友定居京都为齐白石打开京城市场并安居于此做着方方面面的贡献，齐白石太幸运了。反观于此，也是齐白石多年苦心经营的成果。

齐白石口述、张次溪笔录的《白石老人自传》被多家出版社反复出版，白石老人生前的步步经营在这本书里闪闪烁烁，齐白石试图通过这本《自传》在后人脑海中呈现一个更加完美的艺术家形象。但通过追探一手文献与图像中的蛛丝马迹，便会发现其中与口述史产生的认知缝隙，这种缝隙带来的书写张力，呈现了历史研究中纷繁复杂的状态。以齐白石为探究目标的研究者如果沿着齐白石的《自传》去探寻真实的齐白石或者王闿运与齐白石的师生关系，事实上看到的是齐白石塑造的人物，这样研究者便掉进他设置的文字陷阱中。另外，关于齐白石与王闿运的师生交谊，在惯常的认识中仅仅是平面的师生关系，但是实际上齐白石在王闿运所处的精英文化圈中，显得并不重要，也难以完全融入，好似一个边缘的旁观者。然而正因如此，齐白石一面在与王闿运短短的几次交往中获得更多牢固"湘绮弟子"身份的物件，另一面则头脑十分清醒地找到了自己在湖湘文化圈中的位置，从容不迫地使王闿运和湖湘文化圈成为自己一生的身份标签和助推利器。

幸运的齐白石一生有一个响当当的名牌"湘绮弟子"，王闿运成为齐白石辉煌人生的重要助推器。但是，在讳莫如深的历史文献中探寻，究竟是齐白石想拜师王闿运而拜托张仲飏，还是王闿运欣赏齐白石让张仲飏反复劝说，《自传》中胡沁园与王闿运先后看上齐白石才华而欲收入门下的相同情节，实在令人不得不产生探究的欲望。

老来山水断因缘,最喜闲游是少年。
无事出门三十里,赤泥山下听流泉。

——齐白石《白石诗草》

第十三章

最喜闲游是少年

齐白石曾有诗一首名为《伤往事》：

老来山水断因缘，最喜闲游是少年。
无事出门三十里，赤泥山下听流泉。[1]

诗中的"最喜闲游是少年"道尽了一番不关乎年龄的少年心声。当然，齐白石并非闲游，而是肩负着养家糊口重任的游历。齐白石自己在回忆中将此后的五次出游称作五出五归。五出五归的路上，有众多湖南师友的保驾护航，在此基础上，齐白石的朋友圈不断扩大；此外，大开眼界的齐白石在绘画、篆刻、诗文等方面的水平都得到了极大提升，尤其是游历大好河山后的绘画创作不断精进；更重要的是，五出五归为齐白石打开了艺术市场的大门，齐白石以卖画、篆刻为生计，辅以教学得来的束脩，生活开始逐渐脱离赤贫状态；五出五归的过程，是广阔天地认识齐白石的过程，更是齐白石认知广阔天地的过程，此间齐白石的心理也发生了几次重要转变。

一出一归

在齐白石的人生历程中，五出五归有着莫大的重要性，此前的齐白石没有离开过湖南，此后的齐白石看到了更广阔的天地，这五次出行，齐白石游历湖南以外的

---

[1] 北京画院编：《人生若寄——北京画院藏齐白石手稿（诗稿·下）》，广西美术出版社，2013年，第482页。

山川，结识到更多友朋。五出五归不仅扩大了齐白石的生存天地，更成为齐白石书画事业大展宏图的契机。

齐白石在乡里以画像、篆刻为生期间，在湘潭城内结识了为官的郭人漳和夏寿田。1902年秋，夏寿田由翰林改官陕西，身在西安的夏寿田致信齐白石，要齐白石前往西安教授如夫人姚无双绘画。夏寿田知道齐白石是凭借作画和刻印章的润资度日，日子过得紧，于是一道寄来了预付如夫人学画的束脩和此行的旅费。此时，同样也在西安的郭人漳可能是更加了解齐白石的缘故，明白他犹豫是否出行的心理，于是给齐白石书信一封。三十多年后齐白石仍旧清晰记得郭人漳书信的内容：

> 无论作诗作文，或作画刻印，均须于游历中求进境。作画尤应多游历，实地观察，方能得其中之真谛。古人云，得江山之助，即此意也。作画但知临摹前人名作、或画册画谱之类，已落下乘，倘复仅凭耳食，随意点缀，则隔靴搔痒，更见其百无一是矣。只能常作远游，眼界既广阔，心境亦舒展，辅以颖敏之天资，深邃之学力，其所造就，将无涯涘，较之株守家园，故步自封者，诚不可以道里计也。关中夙号天险，山川雄奇，收之笔底，定多杰作。兄仰事俯畜，固知惮于旅寄，然为画境讲益起见，西安之行，殊不可少，尚望早日命架，毋劳踌躇！[1]

---

[1] 齐白石口述，张次溪笔录：《白石老人自传》，人民美术出版社，1962年，第48页。

郭人漳的一封信，内容主旨是劝齐白石不要踌躇，速来西安。信中言语简短，但很明确的是郭人漳深知齐白石为何踌躇，对于绘画也有深刻了解，他明白作为一位画家在临摹前人和学仿画谱之后，应当走出书斋远游，只有远游才能开阔眼界，他相信以齐白石的聪颖定能出杰作。齐白石认为有三位师友懂自己的诗画印，"平生知白石画者郭葆荪，知刻者夏午诒，知诗者樊樊山[①]"。夏寿田的邀请加上郭人漳的督促信，使齐白石下决心启程。可以说郭、夏二人是齐白石五出五归路上最重要的人物，五出五归也正式打开了齐白石的绘画艺术大门。

1902年入秋时节接到夏午诒的邀请信，十月初齐白石告别家人，启程前往西安。那时的水陆交通都很不方便，齐白石长途跋涉从星斗塘到西安，经过湘潭、长沙，渡过洞庭湖，一路北上进入西安，此间漫长的路途在常人看来乏味枯燥，但是对于齐白石来说，尽收眼底的都是能够入画的绝佳素材。第一次走出湖南，满眼都是新鲜的美景，每逢看到奇妙景物，齐白石就画上一幅。当满眼秀丽山川、车马行人、船舶渔夫之时，齐白石感受到了当年燃松枝临摹勾描下来的《芥子园画谱》造意布局、山石皴法都源于自然境界。此行旅途中，齐白石最为满意的作品有两幅，《洞庭看日图》和《灞桥风雪图》。齐白石口中的《洞庭看日图》和《灞桥风雪图》原作现已不可考，但是他将这两个主题都融入了后

[①] 北京画院编：《人生若寄——北京画院藏齐白石手稿（信札及其他）》，广西美术出版社，2013年，第112页。

来的得意之作《借山图》中。北京画院现藏《借山图》共22开,第4开描绘了洞庭看日(图13-1),画面上的小岛、孤帆、云雾与红日,都是此行所见,此行后齐白石亦常作洞庭看日山水题材,次年5月,齐白石在日记中写道:

> 为午诒刻"天奇丈人"印,又为晏树肪画箑一,《洞庭帆日图》画于扇上,局实真绝,然他人想不能到(他人画洞庭图,万不可少岳阳楼)。①

图13-1 齐白石 借山图之四 纸本设色 30cm×48cm 1910年
北京画院藏

---

① 北京画院编:《人生若寄——北京画院藏齐白石手稿(日记·上)》,广西美术出版社,2013年,第61页。

日记中的齐白石绘就了一幅名为《洞庭帆日图》的扇面,自己感慨布局绝妙,想必此时齐白石为自己的画作拍案叫绝了。齐白石还自言,别人画洞庭风景,是一定要画岳阳楼的,而他却要出其不意,《借山图》中的洞庭风景并没有出现岳阳楼,此中画面布局与立意,应当也是来源于1902年10月后的出行画稿与作品。齐白石着实对《洞庭帆日图》满意至极,至六十多岁时还补题过诗文:

> 往余过洞庭,鲫鱼江下嚇(吓)。浪高舟欲埋,雾重湖光没。雾中东望一帆轻,帆腰日出如铜钲。举篙敲钲复住手,窃恐蛟龙闻欲惊。
>
> 湘君驶云来,笑我清狂客。请博今宵欢,同看长月圆。回首二十年,烟霞在胸膈。君山初识余,头还未全白。[①]

另外一幅《灞桥风雪图》,出现在了《借山图》之十(图13-2)。齐白石千里迢迢赶赴西安已经是1902年12月中旬,至灞桥时正遇风雪,绘就一幅《灞桥风雪图》,自是得意,后来题诗:

> 霸(灞)桥(余初出门年将四十)
> 名利无心到二毛,故人何苦远相招。

[①] 齐白石口述,张次溪笔录:《白石老人自传》,人民美术出版社,1962年,第49页。

图 13-2　齐白石　借山图之十　纸本设色　30cm×48cm　1902 年
北京画院藏

> 蹇驴背上长安道，冷雪寒风过霸（灞）桥。[1]

　　到达西安的齐白石见到了等待多日的夏午诒、姚无双、郭人漳，此时好友张仲飏也在西安，其间齐白石还认识了后来也为《借山吟馆图》题跋的长沙人徐崇立[2]。此行来西安的主要目的是教授夏午诒的如夫人姚无双画画，除此之外，朋友们陪齐白石游览了碑林、雁塔坡、

---

[1] 北京画院编：《人生若寄——北京画院藏齐白石手稿（诗稿·下）》，广西美术出版社，2013 年，第 317 页。
[2] 徐崇立（1872—1951 年），长沙人，字健石，一字剑石，号兼民，一号郙园，晚年自号郙叟，清同治十一年（1872 年）生。光绪二十九年（1903 年）中举人。工诗文，善书法，专习魏碑，对金石学、版本学、目录学颇具心得，终生著述不辍。

牛首山、华清池等西安名胜。快到春节的时候，在夏午诒的引荐下，齐白石见到了南北闻名的大诗人、时任陕西臬台的湖北人樊樊山。此后，樊樊山也成了帮助齐白石登上人生巅峰的重要师友，樊樊山被齐白石认为是最懂其诗者，樊樊山曾为齐白石亲笔书写刻印润例、书画润例以及撰写诗稿序言，并在齐白石赠送印章后，以五十两银子作为润资。同在西安的张仲飏，见齐白石结识到达官贵人，便力劝齐白石攀附以谋得好差事，齐白石对于名利近乎淡漠，却醉心书画、篆刻、诗文，积极营谋的张仲飏怎能理解，从此张仲飏与齐白石好友间便生出罅隙。

进入1903年，在西安度过三个多月后，夏午诒北上京城谋求差事，调省江西，邀齐白石同行。三月初，齐白石随夏午诒一家动身进京。樊樊山告知五月也会入京，到时会举荐齐白石入内廷供奉，为慈禧太后代笔，夏午诒也附和说齐白石若当了内廷供奉，便一生衣食无忧了。但齐白石心里打定主意不能去做慈禧代笔。出发前，齐白石又去了一趟他留恋的雁塔，题诗一首：

长安城外柳丝丝，雁塔曾经春社时。
无意姓名题上塔，至今人不识阿芝。[1]

"无意姓名题上塔"一句直截了当地表明了齐白石无意功名、不愿以官名人前显赫的心意。雁塔坡

---

[1] 齐白石口述，张次溪笔录：《白石老人自传》，人民美术出版社，1962年，第50页。

是齐白石最喜爱的一处风景，也被齐白石收入《借山图》风景中，北京画院藏《借山图》之九（图13-3）描绘的便是雁塔坡一景。

初春三月二日，齐白石随夏午诒从西安启程。五日，一行人到了华阴县，中午时分大家登上万寿阁，齐白石面对巍峨雄伟的华山和春景里华山脚下一路桃花，感叹风景之美是其平生仅见。晚上在旅店中，精心勾描了一幅《华山图》。六日，齐白石又绘就一幅"华山图草"送给了郭人漳。八日住在灵宝县时，齐白石画了一幅《函谷关图》。十一日，齐白石仍旧感佩华山风景，补作诗一首：

图13-3 齐白石 借山图之九 纸本设色 30cm×48cm 1910年
北京画院藏

夏太史午诒偕游入都,过华岳庙,同登万岁阁看华山。余画图寄郭观察葆荪于长安。

壮观须上最高楼,胜地重经且莫愁。
碑石火残存五岳,树名人识过青牛(一作借青牛)。
(紫气增)日晴金掌横天立,云近黄河带水流。
归卧南衡对图画,刊文还笑梦中游。
日晴金掌傲山色,云近黄河学水流。

八月廿四日夜,枕上推定云:
光阴不返黄河水,胜赏重经且莫愁。
碑石火残存五岳,树名人识过青牛。
晴天金掌欲攀日,满地白云尽入楼。
归卧南衡对图画,刊文还笑梦中游。①

十四日在洵溪湾绘就《嵩山图》。二十二日时,齐白石一行在柳园口渡黄河,宿井龙宫时灯下画黄河图。在齐白石的回忆中,他曾将洞庭、灞桥、华山、嵩山风景都收在《借山图卷》内,可惜世已不存《借山图卷》,仅有北京画院藏《借山图》二十二开,二十二开中包含洞庭、灞桥和华岳三峰(图13-4)、柳园口(图13-5),但未见嵩山一开。路途上,令齐白石喜出望外的是,他在漳河岸边捡到一块他认为出自铜雀台的汉砖。

---

① 北京画院编:《人生若寄——北京画院藏齐白石手稿(日记·上)》,广西美术出版社,2013年,第43页。

图 13-4　齐白石　借山图之十三　纸本墨笔　30cm×48cm　1910 年
北京画院藏

图 13-5　齐白石　借山图之二十二　纸本设色　30cm×48cm　1910 年
北京画院藏

齐白石一路经陕西过河南进入河北邯郸，参观过龙藏寺后，乘火车过保定至卢沟桥，终于到达了京城，第一次进入北京。此行路上，齐白石遍览北方风景，恰逢春季，北方的山川给他留下了深刻的印象，途中他不顾劳顿，几乎天天画笔刻刀不离手，每晚在住宿地画画、刻印或作诗，一路上收获颇丰。

在北京，齐白石随夏午诒一家住在宣武门外北半截胡同，每天的主要任务仍旧是教姚无双画画，除此之外，应朋友介绍卖画刻印。此时，齐白石在北京交往到杨度、曾熙、李瑞荃、张翊六、陈完夫等人。有趣的是，在随夏午诒西安短居、北上京城，结识新朋旧友、达官显贵之后，齐白石心里居然产生了负面情绪，齐白石在《癸卯日记》中写道：

> 十二日辰刻，午诒忽然客气，奉束脩来北萍精舫。巳刻初，令无双画蚕桑。午刻，曾炳煌上名问讯，余未识曾为何字，来京已九日，一无知者，庶不劳形。前六日清晨，午诒欲鲽翁为书壁单示人，余固白不必。既去岁已经西行之难，今年又相北上。君知我者，与君乘兴而往，非刚徒名利，为他人作嫁衣而来也。午诒果不以姓字与人，知心过于葆荪。[①]

[①] 北京画院编：《人生若寄——北京画院藏齐白石手稿（日记·上）》，广西美术出版社，2013年，第51页。

夏午诒此时的一片好意，大力举荐，欲使齐白石多接触达官显贵，以在卖画刻印方面生意兴隆的一片热心，在敏感的齐白石看来，伤害到了他的自尊和骄傲。当然，这样的心理波动并未影响到齐白石此行的主要内容——授课和画画。在每日教授姚无双画画之外，齐白石常常会给夏午诒作画，例如四月十九日画《白云红树图》、二十日画《梅花书屋图》、二十一日画《借山吟馆图》，齐白石对于此时自己的山水画已经具备了相当的自信，在《癸卯日记》四月廿一日条中：

廿一日晨兴，画《借山吟馆图》与午诒。既数百年前有李营丘先生《梅花书屋图》，又有高房山先生《白云红树图》，徐文长先生《青藤老屋图》，不可不存数百年后有齐濒生先生《借山吟馆图》之心。[1]

难怪齐白石觉得夏午诒推荐他各处挣钱对于他而言是一种伤害，这一则关于《借山吟馆图》的记述中，不仅仅有自信，更多的是骄傲，将自己比作李成、高克恭、徐渭一样的具有文人画家性质的大名家，齐白石相信自己也将会成为这样的人，或者已经是这样的人了。1903年春入里的齐白石真是自信极了。

当然，此行齐白石还有一项重要收获。闲来无事齐白石常去琉璃厂逛逛，除了自己也买些喜欢的东西之

---

[1] 北京画院编：《人生若寄——北京画院藏齐白石手稿（日记·上）》，广西美术出版社，2013年，第54页。

＊

图 13-6　齐白石　借山图之十七　纸本墨笔　30cm×48cm　1910年 北京画院藏

外，也会经常见到例如八大山人、金冬心、徐青藤等名家名作，培养了鉴别真伪的眼光，如遇真迹也有临摹勾描的可能性，于画艺而言增益不少。

此间，夏午诒和杨度发起在陶然亭饯春，来了很多诗人，齐白石也在其中，之后齐白石曾描绘一幅《陶然亭饯春图》。这幅作品目前未曾得见，但是齐白石的《借山图》之十七（图13-6）便描绘了陶然亭的风景。

进入六月，因欲躲避樊樊山推荐内廷供奉之事，齐白石动身返乡，行前齐白石特意在琉璃厂为胡沁园订制了毛笔，准备回乡后送恩师来自北京的礼物。从天津、上海、镇江、南京，再至安庆、九江、汉口、长沙，最终回到湘潭老家。路途上齐白石又画了很多画，《铁山

图 13-7　齐白石　借山图之十八　纸本设色　29.5cm×48cm　1910 年
北京画院藏

图》《小姑山》等，其中《小姑山》也成了后来《借山图》中的一开（图 13-7）[①]。《寄园日记》中记：余癸卯由京师还家，画小姑山侧面图。丁未由东粤归，画前面图。今再游粤东，画此背面图。

此行，齐白石拿到夏午诒如夫人的束脩、刻印卖画的润资一共两千多两银子，半年多的时间真是收入丰厚；在西安、北京两座大城市，齐白石结识众多朋友，此后大多成为齐白石成长的臂膀；夏午诒和郭人漳对齐白石一厢情

[①] 北京画院编：《人生若寄——北京画院藏齐白石手稿（日记·上）》，广西美术出版社，2013 年，第 95 页。

愿式的帮助和推荐，极度激发了齐白石的自尊心。

齐白石回到家乡后，用一部分钱承典下了梅公祠的房子和农田，把得意之作《华山图》拿给胡沁园过目，胡沁园对此赞不绝口，让齐白石把华山图誊画在了团扇上。当然，胡沁园应该也收到了齐白石特意为恩师订制的毛笔。

二出二归

齐白石的二出二归便是1904年春，随同恩师王闿运前往江西，中秋节返回家乡，此间在江西发生七夕对诗不成的尴尬场景。所有内容已在《湘绮门墙白发新》一章中陈述，此处不再赘述。此次出行，齐白石在江西游览了滕王阁、庐山等江西名胜，《借山图》中亦有一开描绘滕王阁（图13-8）的经典作品。此行中，齐白石结识了大量王门子弟以及王闿运在江西的众多友朋，其中包含陈三立等重要人物。这次远游，恩师王闿运为齐白石题跋《借山馆图》、书写《白石草衣金石刻画》序言，还让弟子陈毓华撰写了《齐山人传》，可谓收获颇丰。当然，此行中齐白石最大的收获则是将"湘绮弟子"的名牌牢固地贴在自己身上。

三出三归

1905年7月中旬，汪颂年邀请齐白石游桂林，是为齐白石第三次远游。汪颂年名诒书，长沙人，翰林出

图 13-8　齐白石　借山图之十四　纸本设色　30cm×48cm　1910 年
北京画院藏

身，此时在广西任提学使。齐白石的《借山吟馆图》众人题跋中，亦有汪诒书题跋一开。齐白石听闻桂林山水天下著名，于是欣然而往。进入广西境内，奇峰峻岭涌入齐白石眼中，在齐白石看来此间的风景真是画山水的绝佳选择。广西气候倏忽多变，炎凉冷暖捉摸不定，一日出门要带四季的衣裳，以应对天气的变化，齐白石曾作诗以记：

广西时候不相侔，自打衣包作小游。
一日扁舟过阳羡，南风轻葛北风裘。

桂林无论冬夏，南风则燥，北风则寒。[1]

在桂林，齐白石仍旧以刻印卖画为生，此时齐白石用上了樊樊山在西安为其亲笔书写的刻印润例，借助樊樊山的响名，润格一经挂出，生意居然很好。这一年的年初未动身广西之时，齐白石在家乡黎薇荪家中见到了赵之谦的《二金蝶堂印谱》，齐白石借来后，照原样用朱笔勾摹，此后刻印齐白石开始模仿赵之谦风格。在书法学习方面，齐白石以前一直是学习何绍基，一出一归时在北京逢遇李筠庵，开始随其学习魏碑，临摹爨龙颜碑，这是齐白石一生都在临习的碑帖。其实前两次远游已经在极大程度上促进和改变了齐白石作画与刻印的风格。此时，在广西篆刻生意大火的齐白石更是对自己的篆刻技艺充满了自信，齐白石在《忆桂林往事》中有一首诗：

眼昏隔雾偶雕镌，好事诸公肯出钱（一作寿以钱）。
死后问心何值得，寻常一字价三千。
余客桂林时，篆刻纯似丁黄浙派，未足好也，樊樊山先生为余书定刻印润资，常用名印，每字四金，石广以汉尺六分为度，石逾寸者倍之，石小二分，字若黍粒，每字十金，字大如拳，每字十金，云云。[2]

---

[1] 北京画院编：《人生若寄——北京画院藏齐白石手稿（诗稿·上）》，广西美术出版社，2013年，第231页。
[2] 同上，第230页。

齐白石随夏午诒首次进京不久曾心生不快，夏午诒大力举荐齐白石结识达官显贵，以推广书画和刻印生意，齐白石深觉伤害了他在湖南湘潭苦心培育出的乡土文艺青年自尊心。而此时，齐白石在桂林亮出了樊樊山书写的刻印润格以招揽生意，如此转变对于齐白石来说可谓底线的巨大突破。距离樊樊山书写润例的 1902 年末，已经过去两年多，时间是把杀猪刀，也可刺向老文青。

齐白石在老年回忆中，不知为何，将此次的桂林之行，形容得极其魔幻。第一件事，是从日本归国、在桂林创办巡警学堂的蔡锷托人来请齐白石，要齐白石每周日去教授放假的巡警学生作画，每月薪资三十两。每月三十两银子，四天教学，可谓薪资丰厚，但是齐白石拒绝了，理由是害怕学生闹事搞得自己颜面无存。面对蔡锷的邀请，齐白石坚辞不就，随即蔡锷不知通过何种渠道向齐白石提出自己要随齐学画画，齐白石硬生生也是拒绝了。同样是在《忆桂林往事》中，齐白石有一首诗文专门提到了此事：

竖抹横涂笔一枝，雕虫难应作人师。
岂知岳麓山头骨，不似榕城并客时。
乙巳冬余客广西，有某荐余为画师，余未能应。丁巳春，闻某葬于麓山矣。①

---

① 北京画院编：《人生若寄——北京画院藏齐白石手稿（诗稿·上）》，广西美术出版社，2013 年，第 232 页。

第二件事就更为离奇，齐白石有一天在朋友那里，遇到了一位和尚，名中正，人称张和尚。张和尚闪烁其词之间，齐白石发现张和尚行动不正常，说话也可疑。张和尚还托齐白石画过四条屏，付以二十块银圆作为润资。当齐白石准备从桂林回乡的时候，张和尚热情欲为齐白石备马相送。到了民国初年，当齐白石在报纸上看到"黄克强"这个响当当的名字时，在朋友的提点下才知道当年的张和尚便是今日之黄克强。

进入1906年，在桂林过了春节，齐白石打算回乡，画了一幅《独秀峰图》作为纪念，后来齐白石把这幅图收入《借山图卷》中，现藏北京画院的《借山图》中就有一开《独秀峰》（图13-9）。齐白石曾在诗文中描绘过独秀峰美景：

往日

南北东西纵贱躯，十余年事未模糊。
关中春日游还厌，沪上秋风醉欲扶。
万顷芦花燕地异，（京都陶然亭一带，一望无际皆芦荻。）
一星灯火桂林殊。（桂林城内有独秀峰，峰上有灯树，甚高。晚景苍苍时，灯如一星早出。众星出，不可辨灯也。）
曾经好景尤难数。埋骨终消一处无。[1]

---

[1] 北京画院编：《人生若寄——北京画院藏齐白石手稿（诗稿·上）》，广西美术出版社，2013年，第99—100页。

图 13-9　齐白石　借山图之五　纸本设色　30cm×48cm　1906 年
北京画院藏

桂林风景后来成为齐白石山水画创作的重要素材。齐白石每每想起桂林风景便会感叹一番，曾多次作诗追忆此次远游，齐白石在《题杨泊庐山水册 其三》中提到了桂林多山洞：

> 穿石穿山逐火飞，桂林重到寸心违。
> 泊庐若问奇山水，阳羡曾看白石归。
> 桂林多山洞，余曾戏游，呼土人持火柴引导，疾行如风。[1]

---

[1] 北京画院编：《人生若寄——北京画院藏齐白石手稿（诗稿·下）》，广西美术出版社，2013 年，第 310 页。

《忆桂林往事》诗文中多次提到桂林风景：

消闲临水一竿丝，五美堂西碧柳垂。
却被人呼垂钓者，从来无那羡鱼时。

榕叶团团盖不如，桂林风物故乡无。
不看山水全无事，日坐榕阴把酒壶。

穿洞登岩冬复春，人间无此最闲人。
寄言独秀山头月，今日先生太苦辛。

山石如笋不成行，纵亚斜排乱夕阳。
背想我肠无此怪，更知前代画寻常。①

在这组诗文中还有一首诗专门纪念齐白石品尝过的桂林美食，会仙米粉店给齐白石留下了深刻的印象：

粉名马肉播天涯，粥号鱼鲜（一作生）美且佳。
世味饱尝思饮水，几曾经过会仙来。
（会仙，米粉店名也。）②

此时，本应结束愉快的第三次远游，回到家乡，但

---

① 北京画院编：《人生若寄——北京画院藏齐白石手稿（诗稿·上）》，广西美术出版社，2013年，第229—232页。
② 同上。

是齐白石收到来自湖南家乡父亲的来信，信中提到齐白石的四弟和长子从军到了广州，老父在家忧虑二人从未出过远门，让齐白石去广州寻找。事发突然，齐白石马上动身到了广州，住在祇园寺庙内。多方打探后得知叔侄二人跟随齐白石的好友郭人漳去了钦州，齐白石随后赶了一千多里的水路到达钦州，见到了郭人漳。他见齐白石寻亲到钦州很高兴，于是留下齐白石小住，教授如夫人画画。武将郭人漳也会画些花鸟画，虽然在齐白石看来画得并不算好，但是郭人漳好名，喜欢在人前挥毫泼墨，于是不少人来求郭人漳画作。齐白石留住钦州的另一主要任务便是为郭人漳代笔，一出一归时文艺青年的高傲，再次在润资和友情的双重压力下渐渐消失。齐白石代为捉刀、应酬的画作很多，此处重重记下一笔，看在银子和郭人漳这位高官朋友的面子上，齐白石只能暂且将文艺青年的一面悄悄揣进口袋，拿起画笔，在自己的作品上落款"葆生"二字。但此行也有能够弥补这种低迷心情的事，郭人漳收藏的古代书画中不乏八大山人、金农、徐渭等名家真迹，齐白石利用捉刀代笔的闲暇时间，全部临摹一遍，使自身的绘画水准大幅提升。在齐白石的绘画创作历程中，确有对于八大山人、金农、徐渭的临仿痕迹，例如齐白石在花鸟画创作中对枝头鸟的表现，就深受八大山人影响，现藏北京画院的《拟八大墨鸟》（图 13-10）就是一幅绝佳例证；齐白石还曾临摹金农画作，尤其对金农书体颇有研究，神似至极；齐白石对徐渭更是发自内心地崇拜：

青藤雪个远凡胎，老缶衰年别有才。
我欲九原为走狗，三家门下转轮来。
（郑板桥有印文曰："徐青藤门下走狗郑燮。"）[1]

*
图13-10　齐白石　拟八大墨鸟　纸本墨笔　65cm×34cm
北京画院藏

---

[1] 北京画院编：《人生若寄——北京画院藏齐白石手稿（诗稿·下）》，广西美术出版社，2013年，第479页。

另外，齐白石在《庚申日记并杂作》中记述了对徐渭等人的崇拜之情：

> 青藤、雪个、大涤子之画，能横涂纵抹，余心极服之。恨不生前三百年，或求为诸君磨（墨）理纸。诸君不纳，余于门之外饿而不去，亦快事也。余想来之视今，犹今之视昔，惜我不能知也。[1]

此番临摹下来，齐白石内心得到了满足，也能抵消一部分捉刀代笔几个月积累的负面情绪。进入1906年秋天，齐白石便动身回家。

当齐白石回到梅公祠家中，此时房屋典期已满，于是齐白石在余霞峰山脚下茹家冲买了一所破旧房屋和二十亩水田。茹家冲在白石铺的南面，西北晓霞山，东临枫树坳，风景也是很好的。房前的水井名为"墨井"，这名字的气质与齐白石不谋而合，井边的竹林应当也是齐白石作为文艺青年的最爱。齐白石把优美风景中的破屋翻新改造一番，取名"寄萍堂"（图13-11）。飘萍是齐白石对自己的比拟，而新买的破屋则是齐白石认为可以久居之所、寄萍之依。寄萍堂内隔出一间书房，齐白石为其取名"八砚楼"（图13-12），名为楼实为一间小屋，但相比以前的"借山"，齐白石终于有了属于自己的房产，此间的心境也大有改观。"三出三归"的收益

---

[1] 北京画院编：《人生若寄——北京画院藏齐白石手稿（日记·下）》，广西美术出版社，2013年，第248页。

*

图 13-11　齐白石　寄萍堂　白文　3cm×3.2cm×3.2cm
　　　　　北京画院藏

*

图 13-12　齐白石　八砚楼　白文　2.8cm×2.8cm×6.4cm
　　　　　北京画院藏

*

图 13-13　齐白石　砚台(《花卉册页》八开之二)　纸本墨笔　30cm×25.5cm
　　　　　北京画院藏

切实改变着齐白石的生活状态,而远游带回的砚台存入书房,也是"八砚楼"的得名缘由。齐白石远游得来的砚台均为端溪老洞石,本有九方,后失其一,所以将书房更名为"八砚楼"。[①]（图 13-13）到了十一月,新居筹备妥当,一家人欢欢喜喜迁入新居。

四出四归

1907 年,齐白石应上年与郭人漳之约,春节后再次前往钦州。此次到钦州,主要任务仍是为郭人漳代笔。此间,齐白石随郭人漳到了肇庆,游览鼎湖山、飞泉潭、端溪,拜谒包公祠。齐白石随郭人漳军队,在越南边境处北昆仑河南岸游览了越南山水,也算是考察过国外风光。齐白石面对别样的越南风景,数百株绿蕉树,满眼碧色,绘就了一幅《绿天过客图》,也收入了《借山图卷》中,北京画院藏《借山图》之二（图 13-14）便描绘了高大的芭蕉树和二层楼房。

回到钦州的春夏之交,到了荔枝上市的季节,一路上齐白石看到了绿油油的树上坠着红彤彤的荔枝,后来就经常以荔枝入画。"衰年变法"后,赤红的荔枝配以墨色的枝叶,不论放在筐中（图 13-15）,抑或悬于枝头（图 13-16）都是一派生机。在这个荔枝丰收的季节里,齐白石不仅画荔枝、吃荔枝,还遇到了一位歌女给齐白

[①] 王明明编:《北京画院藏齐白石全集》（山水杂画卷）,文化艺术出版社,2010 年,第 194 页。

图 13-14　齐白石　借山图之二　纸本设色　30cm×48cm　1910年
北京画院藏

石剥荔枝，齐白石曾言捧过歌女的场，她还常常剥了荔枝肉给齐白石吃，齐白石风雅作诗以记之：

> 客里钦州旧梦痴，南门河上雨丝丝。
> 此生再过应无分，纤手教侬剥荔枝。[1]

钦州城外有一座天涯亭，齐白石每每登亭眺望，都不免思念家乡，后曾刻下一枚朱文印章"天涯亭过客"以表此情。直至这一年的深秋，齐白石才动身回家，到家已经是腊月时节。

---

[1] 齐白石口述，张次溪笔录：《白石老人自传》，人民美术出版社，1962年，第58页。

图 13-15　齐白石　荔枝筐　纸本设色　68cm×34.5cm
北京画院藏

图 13-16　齐白石　荔枝　纸本设色　96.5cm×33.5cm　1945 年
　　　　　北京画院藏

五出五归

　　1908年，与齐白石同为龙山诗社龙山七子的罗醒吾在广州提学使衙门任职，请齐白石去广州游玩。二月间齐白石到达广州，暂住时仍以卖画刻印为生。那时在广州，大家仍旧喜欢四王一路的山水画风格，齐白石独创一格的山水面貌并不受欢迎，于是买齐白石画的人很少，但齐白石的印章受到青睐，广东人常常夸奖齐白石的刀法，求齐白石印章的人很多，齐白石每天都要刻十多枚印章。

　　在老年齐白石的回忆中，这次的广州行，他又悄悄干了件大事。罗醒吾与齐白石正是早年在湘潭的青春伙伴，一同加入诗社，一起谈诗雅集，是要好的少年知己，罗醒吾也应在齐白石画的花笺上作过诗。后来罗醒吾加入了孙中山领导的同盟会，当此次齐白石来到广州，罗醒吾便将自己在广州从事的工作和革命党的事情告诉了齐白石，在此基础上罗醒吾请齐白石帮忙传递文件。齐白石假借卖画的名义，把文件夹在画作中间，稳妥顺利地传递出去。从春节后的二月到入秋返回老家，这样的传递竟然每月都有几次，次次被齐白石演绎得妥妥帖帖，丝毫不露痕迹。若真有此事，那么齐白石也算是革命党一位合格的交通员了。秋天回家不久，应父亲之命，齐白石又前往钦州接四弟和长子回家。

　　同年十二月初十，齐白石收到郭人漳电报，邀其再到钦州，加之父亲交代的重任，齐白石将再次启程，很明显齐白石对于远游已经疲累，《寄园日记》中有诗记云：

应郭观察人漳相招东粤旧游（口占）
嫁人针线误平生，又赋闲游万里行。
庾岭荔支（枝）怀母别，潇湘春雨忆儿耕。
非关为国轮蹄愧，无望于家诗画名。
到老难胜漂泊感，人生最好不聪明。[①]

诗文中庾岭荔枝、潇湘春雨都是亲情，一句"到老难胜漂泊感"真是酸楚又无奈，"人生最好不聪明"中已经少有作为乡土文艺青年当年的锐气与自信。为了生活的奔波劳苦、长途跋涉、寄人篱下的代笔捉刀都让原本高傲自信的齐白石疲累。不想再出门，不想离开家的齐白石看见一切都会化成思乡的诗句：

门前鞍马即天涯，游思离情两鬓华。
孤（辜）负子规无限意，年年春雨梦思家。[②]

1909年春节之后，二月十二日父亲兄弟都来送别齐白石。齐白石从寄萍堂到了湘潭，十四日中午到达长沙，与罗醒吾同行，二人经过汉口、上海、九江，再过小姑山，继癸卯画小姑山侧面、丁未画山前面，此次齐白石又一次描绘了小姑山的背面，可见齐白石遇到真爱的风景一再描绘的欣喜之情。二十日到达芜湖时，齐白

---

① 北京画院编：《人生若寄——北京画院藏齐白石手稿（日记·上）》，广西美术出版社，2013年，第90页。
② 同上，第91页。

石与罗醒吾登上船楼，齐白石画下了采石矶和对岸之金柱关。齐白石到达安徽后，乘船前往香港，此后经海口、北海到达钦州。一路上齐白石不停勾画沿途风景，均记录在《寄园日记》中。三月二十七日，齐白石与罗醒吾、李杞生同游天涯亭，重访亭后的苏轼遗像，并画下《天涯亭图》。月末时，齐白石为自己刊刻了朱文印"天涯亭过客"，可见此时齐白石归乡心切。此次，齐白石再次去越南，游览安南国风光，仍旧绘有图画。四月间，齐白石思乡难耐，常常夜梦回家，哀泣而醒。几个月时间中，齐白石在钦州除游览风景外，仍多卖画刻印，在日记中刻印卖画事件多到来不及记录，此行也是收入颇丰的。但齐白石倦了，必须回乡。

七月二十四日，齐白石启程，郭人漳送了好友二十多里。齐白石途中经过上海到苏州。到达苏州的时候恰逢中秋节，他带着家人游览了几处苏州美景，在上海小住几天便返回湖南。

九月到家的齐白石，正式结束了五出五归的远游，此刻的齐白石坚定了自己的信念——这几年漂泊在外已经攒了一些家底，现在也有了自己的房屋和田产，过上"有点儿甜"的小日子完全没有问题。按照此时齐白石的心意，再也不想离开培育乡土文艺青年的这片山水，有诗书、绘画、刻印的技艺傍身，加之一番来自湖南乡间培育出的自信，齐白石在茹家冲当个乡贤是没有问题了。

从1902年到1909年，八年的时间中，齐白石走遍了大半个中国，游览了陕西、江西、广东、广西、江苏等地，途经大城市北京、上海、香港，甚至有过一生唯一的出国经历——游览越南，可谓是齐白石一生弥足珍贵的游历。五出五归的路上太多湖南师友一路相携，夏午诒、郭人漳是首屈一指的贵人，随同王闿运的江西之行虽有遗憾，却也是收获满满，加之罗醒吾、樊樊山等人的点滴之恩，还有众多请齐白石刻印、画画的友人们，都为齐白石的柴米、自尊、自信添砖加瓦，如此看来齐白石真是动荡年代中的幸运儿。

五出五归路上，齐白石领略了湖南以外的大好河山，一次次出行和游历路途上的山山水水都变成齐白石笔下的山水画素材，一路上勾画无数草图，其中的得意之作，大多被选入《借山图》当中，五出五归与齐白石山水画风格的成熟密切相关。但此时，似乎齐白石的画作并非十分卖座，他主要的经济来源是篆刻，日复一日的篆刻过程中，齐白石在篆刻技艺上不断精进，当然这也得益于樊樊山给齐白石定的润格。

齐白石在八年间的五次远游中，心态也在逐渐发生转变。在龙山诗社与罗山诗社中培养出来的乡土文艺青年气质为齐白石增添了很多自信与清高，对于自身诗文、绘画、篆刻方面的不断进步，齐白石内心是很骄傲的，加之齐白石倔强的天性，自信与骄傲交织在一起，形成了超强的自尊心。但是五出五归过程中，看到湖南友朋以及新结识的各路达官显贵后，齐白石心态发生了悄然的变化，由开始生气夏午诒大力推荐的做法，到后来于广州挂出樊樊山拟定的刻印润格，再到不断为郭人漳捉刀代笔，他渐渐收起了乡土文艺青年的面孔，面对朋友的好意和美丽的银子，逐渐不再有情绪发作。

五出五归后，齐白石发现他只属于家乡，属于湘潭，面对外面的广阔天地他仅仅是个过客，一如"天涯亭过客"一般。当一个像恩师胡沁园那样的乡贤，一生无忧，平稳度日，诗书画印相伴，成了齐白石最现实的理想。

衡湘空费卜平安,生既难还死亦难。
后裔倘贤寻旧迹,荒烟孤冢一香山。

——齐白石《白石诗草》

第十四章

寻找齐白石

辉煌的人生需要苦心地经营，一个出身苦寒的雕花木匠，经过数十年的打拼，留下身后"人民艺术家"的盛名，绝非偶然、运气、勤奋这些语汇能够覆盖的。

齐白石动荡的一生中，经过了晚清、民国时期，进入新中国。出生时的齐白石虽为齐家长子长孙，但是寒门子弟的烙印在孩提时就深入骨髓，为衣食奋斗的人生，本应按照千千万万普通中国农民一样，在耕作与务工之间稍作选择，最终产生并不明显的差异而终其一生。但是，齐白石之所以能走出历史的选择，走进历史的记忆，是由诸多因素决定的，历史的偶然和必然在齐白石身上完美组合，演绎出一个近乎值得所有人膜拜的人生。

齐白石的一生之所以吸引研究者一再探究，用时下流行的词汇概括，那就是太励志。与此同时，齐白石留给后人大量一手资料可供参考、借鉴、研究。齐白石在成年后开始写日记，目前可见的有北京画院藏1903年《癸卯日记》、1909年《寄园日记》、1919年《己未日记》、1920年《庚申日记并杂作》、1921年《白石杂作》、1922年《壬戌纪事》、1936年《蜀游杂记》、1936年《丙子杂记》，除此之外齐白石还留下数量巨大的诗稿、信札以及其他手稿。仅凭这些，成年后的齐白石已经能够生动鲜活地呈现在我们面前了，洋洋洒洒、点点滴滴十多万字的手稿中有齐白石的日常生活、远游、交游、绘画与篆刻的收入记录，更有齐白石的欢喜、悲伤、愤怒、无奈、艰难与游子思乡情。认真读过齐白石的手稿，读者似乎能感受到齐白石的生活不易与骄傲自信，一个饱满、真实、可爱的齐白石被这些手稿塑造出来。

齐白石曾经说过，他幼时启蒙认字是祖父用松枝教的，认得三百来个字的祖父尽了全力，之后在枫林亭外祖父学馆的八个月时间读的书和识的字也是很有限的，其后齐白石凭借自己的勤奋和对读书莫名的热爱一路坚持，最终能够成为龙山诗社的社长，可谓是极其励志的知识改变命运的典范。齐白石很快将自己转变成文艺青年应有的样子，晚清和民国时期的知识阶层大多有记日记的习惯，农民子弟齐白石也将此变成了自己的习惯。不知齐白石是否知道恩师王湘绮身后有巨著《湘绮楼日记》存世，大约这种文人式的影响对齐白石是潜移默化的。齐白石的日记中有"湘绮师"，王闿运的日记里也有"齐木匠"，日记手稿织就的历史网络，越铺越大，历史这部大剧越演绎越精彩。历史的选择中，值得记忆的人，他们的日记手稿会大有用场。

齐白石觉得只有日记、诗文还远远不够。1933年，定居北京、声名鹊起的画家齐白石决定给自己做一本记录他一生的传记，齐白石本人口述，张次溪笔录，待整理出文稿后，预备交由金松岑撰写。这项工程前后历经数年，其间金松岑于1947年辞世，最终张次溪成为齐白石人生传记的笔录及整理人，传记从齐白石出生一直记录到1948年。据相关学者研究，目前公开出版齐白石的传记一共有9次，分别名为《白石老人自传》和《白石老人自述》，其中1962年人民美术出版社出版的《白石老人自传》字数最多。① 不论《白石老人自传》，抑或《白石老人自述》，读者都能从中看到齐白石的一生，简明扼要，人生大事件清晰明了。童年温馨、少年艰苦、青年励志、中年奔波、老年依然勤奋的齐白石从自传中走了出来，既鲜活又全面。

读《白石老人自传》时读者会感叹齐白石勤奋聪颖、人生丰富多彩，但是当对比日记手稿和其他文献资料，我们会发现老年齐白石在进行自传口述时，有些许记忆的错讹，例如齐白石在1910年为谭氏父子画像，画面落款"庚戌"（1910年），这件事在老年齐白石的口述中却被记在了1911年的段落中。当然，此间的错讹也并不影响读者了解齐白石人生的主要发展历程。但是，重要的问题在于，研究者怎样看待口述史的呈现。事实上齐白石口述的自传，属于研究领域所称的标准口述史，而口述史的准确性与真实性，恐怕连齐白石自己说到最后都相信了，分辨与甄别成了考验人性的一把利剑。齐白石在1896年条目中陈述，自己愤怒之下曾经用修脚刀刻了人生的第一方印，见过修脚刀与篆刻用刀的人应当知道修脚的力道和篆刻刀法之间的不同；1908年齐白石去找身在广州的好友罗醒吾，其间齐白石被蔡锷邀请当老师，白石先生坚辞不就，其后遇到黄兴假扮张和尚同桌交谈，真是让人产生匪夷所思、离奇魔幻之感；再有，齐白石的老师们在不同的时间、地点、场景下，都

---

① 杨良志:《齐白石、张次溪与〈白石老人自述〉(自传)(下)》，见北京画院编:《齐白石研究》(第六辑)，广西师范大学出版社，2018年。

做出了相同的事情，那就是特别想收齐白石为徒，胡沁园如此，王闿运也不例外。当齐白石1933年开始陈述自传的时候，蔡锷、黄兴早已驾鹤西去，胡沁园和王闿运也分别于1914年和1916年辞别人世。还是那句话，"尽信书不如无书，谁信谁可爱"。

湖南坊间流传着一个故事，早年齐白石给在湘潭的江西盐商画了六尺中堂十二幅《南岳全图》，绘成后盐商很满意，给了齐白石三百二十两银子。坊间故事的主旨是，齐白石感念恩师胡沁园培育之恩，将画画得来的润资送去胡家，胡沁园并没有收下。若真有此事，自传中为何完全不曾提到，毕竟此事若真，岂不是一段美谈，能够给齐白石和胡沁园原本伟岸的身影上增加光环。

以当下的眼光看待齐白石记录日记手稿、撰写自传的行为，是极为前卫的，齐白石可能已经明确知道自己将在历史的存储单元中占有一席之地，那么后人会怎样看待他？齐白石想要自己掌握主动权，而非任由他人史笔书写。于是，齐白石用清晰的文字描绘了一个我们应当认识的"齐白石"，也是齐白石心中接近完美的"齐白石"。老人家若能看到一众研究者当下抽丝剥茧、东倒西歪、头昏眼花地用着他老人家留下的众多史料，勾画出各种各样可能性的"齐白石"，白石爷爷大概会狡黠一笑吧。

对照自传和日记，再看齐白石勤奋聪颖、不懈努力的青少年时代，何尝不是历史的一面镜子。当齐白石走在湖南湘潭泥泞的乡间小路上，应当从未想过自己的人生可以如此辉煌。

图 13-16　齐白石　桃花源　纸本设色　101.5cm×48cm　1938 年
北京画院藏

图书在版编目（CIP）数据

齐白石/奇洁著. — 北京：中国青年出版社，2023.9
（杰出人物的青少年时代）
ISBN 978-7-5153-7024-8

Ⅰ.①齐… Ⅱ.①奇… Ⅲ.①齐白石（1864-1957）
－生平事迹－青少年读物 Ⅳ.① K825.72-49

中国国家版本馆 CIP 数据核字 (2023) 第 162494 号

书名：齐白石
作者：奇洁
总策划：皮钧 陈章乐
责任编辑：张婷
出版发行：中国青年出版社
社址：北京市东城区东四十二条 21 号
网址：www.cyp.com.cn
编辑中心：010-57350403
营销中心：010-57350370
经销：新华书店
印刷：北京科信印刷有限公司
规格：880×1230 1/32
印张：9
字数：180 千字
版次：2023 年 11 月北京第 1 版
印次：2023 年 11 月北京第 1 次印刷
定价：48.00 元

如有印装质量问题，请凭购书发票与质检部联系调换
联系电话：010-57350337